이것이
영어일기다

감수 Brian Morikuni
저자 Sangnam Suh

이것이 영어 일기다

초판 1쇄 발행   2024년 9월 10일

저자　：Sangnam Suh
감수　：Brian Morikuni
발행인　：김경옥
기획　：한만주
표지디자인　：류요한
내지편집　：이광열
펴낸곳　：도서출판 온북스

등록번호 제 312 - 2003-000042호
등록일 2003년 8월 14일
주소 서울시 은평구 통일로 82가길 4-7, 401호
전화 02-2263-0360

ISBN 979-11-92131-32-0

잘못 만들어진 책은 교환해 드립니다.
이 출판물은 저작권법에 의하여 보호받는 저작물이므로
무단 전재와 무단 복제를 할 수 없습니다.

Copyright 2024 by Sangnam Suh / All rights reserved.
No part of this publication may be reproduced or distributed in any form
or by any means without the prior written permission of the ONBOOKS.

Preface

나도 영어로 일기를 쓰고 싶다.

그렇다면 먼저 영어로 일기를 따라 써 보자.

따라쓰다 보면 짧은 어느 순간

나의 일상을 영어로 쓸 수 있다.

또한 입이 트인다.

진 짜?

영어로 소통하는
가장 **빠른 방법**이고
가장 **확실한 경험**이다.

-유학생 이야기에서

· 이 책 이래서 좋다
· 이 책을 시작하는 나의 다짐

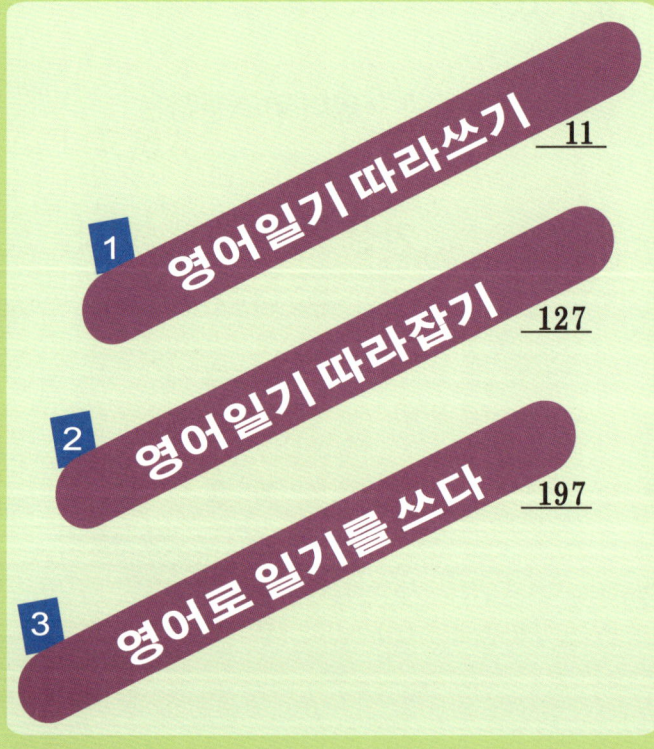

1. 영어일기 따라쓰기 · 11
2. 영어일기 따라잡기 · 127
3. 영어로 일기를 쓰다 · 197

시대가 변하다

영국 영어, 미국 영어

100%

듣고 / 말하자.

blog.naver.com/ssn79

Don't waste your time
        on studying fake English books.
I recommend "*This Diary Book*".

from Georgia State University

Seo Joonwon
서 준 원

이 책
이래서 좋다

1. 제대로 기본이 있게 된다.
기본이 없다면 실력은 없을 것이다.
기본은 쉽다고 흔히 말한다.
하지만 말로 기본을 다질 수는 없다.
그래서 이 책이 나왔다.

2. 영어 습득력이 짧은 시간에 생긴다.
영어가 모국어가 아닌 우리는
영어가 모국어인 환경보다 더 짧은 시간에
모국어 습득의 스펀지가 필요하다.
그래서 이 책이 나왔다.

3. 스스로 깨닫는 실력을 갖게 해준다.
누구나 가고자 하는 곳이 있다면
그곳에 그저 도달하는 것은 아니다.
스스로 깨닫는 실력 또한 마찬가지다.
그래서 이 책이 나왔다.

기본과 집중력을 키우자!

어떤 것을 하더라도

基本이 없다면 實力은 없을 것이다.

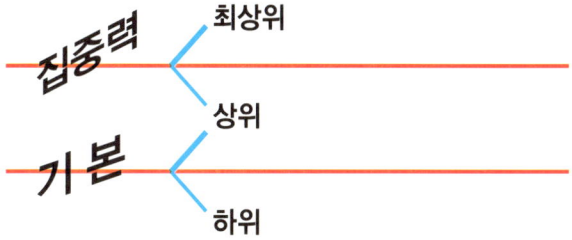

최상위권 실력을 원하는가?
그렇다면
기본을 다지고 집중력을 키워라.

기본이 없으면
손에 쥐어줘도 모른다.

공부는 왜 할까?

자신에게
직업 선택의 폭을
넓힐 수 있기 때문이다.

외국어를 익히는 것도
직업 선택의
폭을 넓혀준다.

세상은 넓고
할일은 많다.

이 책을
시작하는 나의 다짐

일기를 따라쓴다고요?

모국어 일기를
영어로 따라쓰다 보면

자신의 일상을
저절로 영어로 쓸 수 있다.

서로 다른
언어적 구조와 표현 방식을
짧은 경험으로 깨닫기 때문이다.

이것은 알아야 한다

A1 인류는
자신의 생각을
몸짓과 소리로 표현하다
그림을 그렸고
그림에서 글이 나왔다.

A2 인류는
자신의 생각을 전할 때
단어를 이용해 왔다.

단어(單語)는 홀로 쓸 수 있는 낱말이다.
(單)은 '홀 단', (語)는 '말씀 어'이다.
영어도 word는 〈단어/
　　　　　　말 /
　　　　　　　말씀〉 뜻이 있다.

A1 문자가 없던 시대의 사람들이
표현을 어떻게 했든, 그들의 말에는
(명사)와 (동사)가 들어있었다.

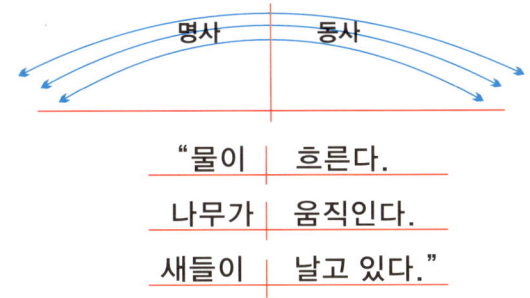

"물이 │ 흐른다.
나무가 │ 움직인다.
새들이 │ 날고 있다."

이런 표현들은 다 문장이다.
(명사)와 (동사)가 있기 때문이다.
(명사)와 (동사)가 있으면 문장이다.

A2 영어에서는 문장하면
〈주어〉와 〈동사〉를 이야기 한다.
〈주어〉는 동사 앞의 자리를 말한다.

한국어는 (명사)에 〈은/는/이/가〉라는
조사가 붙으면 〈주어〉라고 인식한다.

A3 문장의 동사는 서술을 한다.
서술은 설명이다.

따라서 문장의 〈동사자리〉나
문장의 〈서술자리〉는 같은 뜻이다.

이것이 영어식 사고이다

한국어는 주어 생략이 많으나
영어는 항상 〈주어〉가 필요하다.
주어를 생각해 내는 것이 영어식 사고이다.
따라서 〈주어〉와 〈동사〉를 먼저 생각해 내는 훈련이 필요하다.

1. 한 입만 먹어봐도 돼요?
   → Can ☐ have a bite?

2. 어떻게 / 그리 잘해 / 이것을?
   → How / are ☐ so good at / this?

3. 매일 일기를 씁니까?
   → ☐ ☐ keep a diary everyday?

영어 일기를 써보자

영어는 문장의 첫 글자는 대문자로 시작한다.
문장이 시작한다는 뜻이다.
또한 문장 끝에는 (.), (?), (!)가 있어야 한다.
영어 일기도 요일, 월, 날씨는 대문자로 시작한다.
요일쓰고 월/일, 년도, 날씨 순이다.

- 1. 2024년 5월 8일 수요일, 맑음
  → Wednesday, ⬜ 8th, 2024, Sunny

- 2. 날씨가 꼭 시원한 가을날 같다.
  → It felt ⬜ a typical cool autumn day.

- 3. 비가 왔다가 곧 개었다.
  → It ⬜ and then cleared up.

- 4. 2분이 2시간처럼 길게 느껴졌다.
  → The 2 minutes ⬜ like 2 hours!

Day, Month date, year, Weather

따라쓰기

1. _____
   봄이 왔어요!
   (come, !, has)

2. _____
   정말 아름다운 계절이에요
   (it's, a, truly)

   나뭇잎이 싹트고 꽃들이 피어나면서
   (with, tree leaves, budding, and, blooming).

3. _____
   따뜻한 햇살 아래서
   (the, under, sunlight),

   새들이 지저귀고,
   (chirp, are),

   나비들이 날아다녀요
   (and, fluttering, around).

4. _____
   봄은 시간이에요
   (a, spring, is)

   봄의 기운을 만끽할 수 있는
   (enjoy, to, energy, of).

5. _____
   봄은 계절이에요
   (it's, season, a)

   새로운 시작과 희망이 가득한
   (filled, with, beginnings, and, hope).

16 ・영어일기 따라쓰기

Topic :

듣고/확인

봄이 왔어요!
Spring ☐ ☐ !

1. _____

정말 아름다운 계절이에요
It's ☐ ☐ beautiful season

나뭇잎이 싹트고 꽃들이 피어나면서
with ☐ budding and flowers ☐ .

2. _____

따뜻한 햇살 아래서
☐ the warm sunlight,

새들이 지저귀고,
birds ☐ ☐ ,

나비들이 날아다녀요
and butterflies ☐ fluttering ☐ .

3. _____

봄은 시간이에요
☐ is a time

봄의 기운을 만끽할 수 있는
to enjoy the ☐ of spring.

4. _____

봄은 계절이에요
It's a season

새로운 시작과 희망이 가득한

filled with new ☐ and hope.

5. _____

Day, Month date, year, Weather

여름이 왔어요!
(arrived, has)!

1. _____

햇빛이 강하게 내리쬐고,
(the, brightly, shines),

시원한 바람을 찾는 시간이에요.
(and, it's, time, seek, refreshing, breezes).

2. _____

사람들은 즐기고 있어요 / 시원함을
(enjoying, cooling off)

물놀이로
(with, activities)

해변이나 수영장에서
(at, the, or, beach).

3. _____

여름을 좋아하나요?
(like, summer)?

4. _____

여름은 시간이에요
(summer, a)

열정과 활기로 가득찬
(filled, passion, with, and, vitality).

5. _____

Topic :

1.
여름이 왔어요!
Summer ☐ ☐ !

2.
햇빛이 강하게 내리쬐고,
The sun ☐ brightly,

시원한 바람을 찾는 시간이에요.
and it's a time to ☐ refreshing breezes.

3.
사람들은 즐기고 있어요 / 시원함을
People ☐ enjoying cooling off

물놀이로
with water ☐

해변이나 수영장에서
at ☐ beach or swimming pools.

4.
여름을 좋아하나요?
Do you like ☐ ?

5.
여름은 시간이에요
☐ is a time

열정과 활기로 가득찬
filled with ☐ and vitality.

영어 품사의 이해

단어를 공통된 성질에 따라 분류한 것이다.
품사(品詞)에서
    品은 '물건 품'이고,
    詞는 '말씀 사'이다.
물건을 분류하듯, 단어를 분류한 것이다.

기억

품사는 같은 단어라도 문장의 자리에 따라 결정된다. 특히 품사가 다를 때 발음을 달리하는 경우도 있다.

tear   [티어]   (명) 눈물
          [테어]   (동) 찢다

close   [클로우스]   (형) 가까운
         [클로우즈]   (동) 닫다

use   [유스]   (명) 사용
      [유즈]   (동) 사용하다

bow   [보우]   (명) 활
      [바우]   (동) 절하다

excuse   [익스큐스]   (명) 변명
         [익스큐즈]   (동) 용서하다

lead   [레드]   (명) 납
       [리:드]   (동) 인도하다, 이끌다

live   [리브]   (동) 살다
      [라이브]   (형) 생생한, 살아있는

wind   [윈드]   (명) 바람
       [와인드]   (동) 감다, 꼬불 꼬불 구부러지다

문장은 자리가 있다

영어는 8품사가 있다.

명사 / 대명사 / 동사 / 형용사 / 부사 / 전치사 / 접속사 / 감탄사

그러나 영어는 단어가 품사를 결정하지 않는다.

영어는 자리가 (품사)를 결정한다.

〈이것이 영어식 어순의 자리이다〉

〈주어 + 동사 + 목적어 + 보어〉는 자리 이름이다.
〈주어 + 동사 + 목적어 + 보어〉는 문장의 뼈대이다.

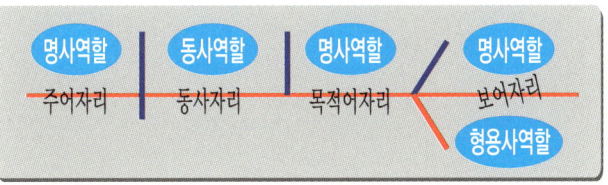

✓ 영어 문장의 자리는 다음 5형제가 차지한다.

   (단어),
     (구),
       (절),
         (to+동사원형),
           (동사원형+ing)

〈발췌 : 이것이 영어다〉

Day, Month date, year, Weather

가을이 왔어요!
(arrive, Autumn)!

1. _____

나무의 잎이 붉게 물들고,
(leaves, the, of, turning),

구름이 많이 떠다녀요
(and, there, many, drifting)

하늘에는
(in, the).

2. _____

시원한 바람이 부는 가을은
(the, breeze, of)

딱 좋은 날씨예요
(is, weather, perfect)

독서하기에
(for, read).

3. _____

가을을 좋아하나요?
(like, autumn)?

4. _____

가을은 고요하고 아늑한 느낌이에요.
(bring, a, quiet, cozy, feeling).

5. _____

Topic :

가을이 왔어요!
Autumn [ ] arrived!

1. ___

나무의 잎이 붉게 물들고,
The leaves of the trees are [ ] red,

구름이 많이 떠다녀요
and there are many clouds drifting

하늘에는
in [ ] sky.

2. ___

시원한 바람이 부는 가을은
The cool breeze of autumn

딱 좋은 날씨예요
is perfect [ ]

독서하기에
for [ ].

3. ___

가을을 좋아하나요?
[ ] you like autumn?

4. ___

가을은 고요하고 아늑한 느낌이에요.
Autumn brings a quiet and cozy [ ].

5. ___

Day, Month date, year, Weather

겨울이 왔어요!
(has, arrive)!

1. _____

눈이 내리고
(It, snowing),

바람이 쌩쌩 부는 날씨가 되었어요.
(and, wind, blowing, fiercely).

2. _____

땅은 덮어있고,
(the, ground, cover)

하얀 눈으로
(with),

아름다운 풍경이 드러난다
(revealing, landscape)

동화 속 나라처럼
(like, fairy, tale, land).

3. _____

겨울을 좋아하나요?
(like, winter)?

4. _____

겨울에는 가족들과 함께 보내는 시간이 소중해요.
(is, precious, spent, with),

따뜻한 온기와 아늑함을 나누며
(share, warmth, coziness).

5. _____

Topic :

겨울이 왔어요!
Winter ☐ arrived!

1. _____

눈이 내리고
It is ☐ ,

바람이 쌩쌩 부는 날씨가 되었어요.
and the ☐ is blowing fiercely.

2. _____

땅은 덮어있고,
The ground ☐ covered

하얀 눈으로
with ☐ snow,

아름다운 풍경이 드러난다
revealing a beautiful ☐

동화 속 나라처럼
like ☐ fairy tale land.

3. _____

겨울을 좋아하나요?
☐ you like winter?

4. _____

겨울에는 가족들과 함께 보내는 시간이 소중해요.
Winter is a precious time spent ☐ family,

따뜻한 온기를 나누며
sharing ☐ and coziness.

5. _____

품사의 변신
품사는 문장의 자리가 결정한다.

1. 비가 많이 온다 / 매 여름이면 (동사)
   It <u>rains</u> a lot every summer.

2. 많은 비를 가진다 / 여름에는 (명사)
   We have a lot of <u>rain</u> in the summer.

3. 일찍 일어나는 새가 벌레를 잡는다. (형용사)
   The <u>early</u> bird catches the worm.

4. 그는 일찍 일어났다 / 직장에 가려고 (부사)
   He got up <u>early</u> to go to work.

5. 빛을 주세요? (명사)
   Give me some <u>light</u>.

6. 불을 붙여 주세요. (동사)
   Please <u>light</u> the fire.

7. 이 상자는 매우 가볍다. (형용사)
   This box is very <u>light</u>.

8. I know <u>well</u>. 잘 알고 있습니다. (부사)
   All is <u>well</u>. 모두 괜찮아요. (형용사)
   This <u>well</u> is deep. 이 우물은 깊습니다. (명사)
   <u>Well</u>, let's begin again. 자, 다시 시작합시다. (감탄사)

〈발췌 : 이것이 영어다〉

문장이 길어지는 것은 수식 때문이다

✓ 영어 문장의 수식은 다음 5형제가 한다.
　　　　(단어),
　　　　　　(구),
　　　　　　　　(절),
　　　　　　　　　　(to+동사원형),
　　　　　　　　　　　　(동사원형+ing)

수식하는 형태를 다 기억하자.

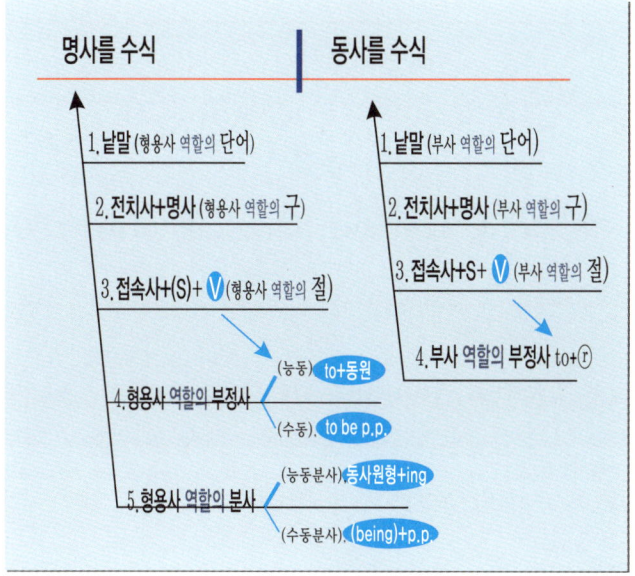

〈발췌 : 이것이 영어다〉

Day, Month date, year, Weather

어머니가 가자고 하셨어요.
　　(Mom, my, suggest, going)
오늘 미장원에
　　(to, hair salon, today)
머리를 자르러
　　(get, my, hair, cut).

1. _____

미장원에서는
　　(we, there, got, when),
친절한 미용사 선생님이 우리를 반겨 주셨어요.
　　(friendly, hairdresser, welcome).

2. _____

난 원하는 스타일을 말하고,
　　(told, her, style, wanted),
그에 따라 그녀는 머리를 잘라 주었어요.
　　(and, she, cut, hair, accordingly).

3. _____

거울을 보니까
　　(when, looked, in, mirror),
기뻤어요 / 새로운 모습을 보고
　　(delighted, see, a, look).

4. _____

머리를 자르고 나니까
　　(after, get, hair, cut),
기분이 좋았어요 / 너무 시원하고 경쾌해서
　　(felt, so, refreshed, light-hearted).

5. _____

Topic :

어머니가 가자고 하셨어요.
My mom suggested ☐
오늘 미장원에
to ☐ hair salon today
머리를 자르러
to get my hair ☐ .

1. _____

미장원에서는
When ☐ got there,
친절한 미용사 선생님이 우리를 반겨 주셨어요.
a friendly hairdresser ☐ us.

2. _____

난 원하는 스타일을 말하고,
☐ told her the style ☐ wanted
그에 따라 그녀는 머리를 잘라 주었어요.
and she cut my ☐ accordingly.

3. _____

거울을 보니까
When ☐ looked in ☐ mirror,
기뻤어요 / 새로운 모습을 보고
I ☐ delighted ☐ see a ☐ look.

4. _____

머리를 자르고 나니까
After getting my hair ☐ ,
기분이 좋았어요 / 너무 시원하고 경쾌해서
I ☐ so refreshed and light-hearted.

5. _____

Day, Month date, year, Weather

1. 오늘, 나는 새로운 외국 친구를 만났어요.
Today, (met, foreign, friend).

2. 그의 이름은 랜디 피어스예요.
(his, name, Landy Pierce).

3. 처음에는 조금 어색했어요
(it, awkward, first, at, a bit),
랜디가 다른 나라에서 왔기 때문에
(because, come, from, country, different).

4. 하지만 자주 만나면서
(But, as, we, more, often),
알게 되었어요
(found out)
그가 가진 활발한 성격과
(he, has, lively, personality)
큰 관심을
(and, keen, interest)
우리 나라의 언어와 문화에 대한
(in, country's language, culture).

5. 나와 같이 (Just, like),
그도 피아노를 치고
(also, play, piano)
수영을 즐기는군요 / 취미로
(and, enjoys, swim, as, hobbies).

6. 우리는 함께 시간을 보내는 것을 즐겼어요.
(We, enjoy, together, hanging out).

Topic :

1. 오늘, 나는 새로운 외국 친구를 만났어요.
   Today, I met ___ foreign friend.

2. 그의 이름은 랜디 피어스예요.
   His name ___ Landy Pierce.

3. 처음에는 조금 어색했어요
   At first, it was a ___ awkward
   랜디가 다른 나라에서 왔기 때문에
   because Landy comes ___ a different country.

4. 하지만 자주 만나면서
   But as we ___ more often,
   알게 되었어요
   I found out
   그가 가진 활발한 성격과
   he has ___ lively personality
   큰 관심을
   and ___ keen interest
   우리 나라의 언어와 문화에 대한
   in our country's language ___ culture.

5. 나와 같이
   Just like ___ ,
   그도 피아노를 치고
   he also plays ___ piano
   수영을 즐기는군요 / 취미로
   and enjoys swimming as hobbies.

6. 우리는 함께 시간을 보내는 것을 즐겼어요.
   We enjoyed hanging ___ together.

이것이 영어 문장이다

반복암송

주어나 목적어 자리에는 명사가 온다.
(명사)가 온다는 것은
(명사) 역할을 하는 것도 온다는 것이다.
(명사) 역할을 하는 형태를 다 기억하자.

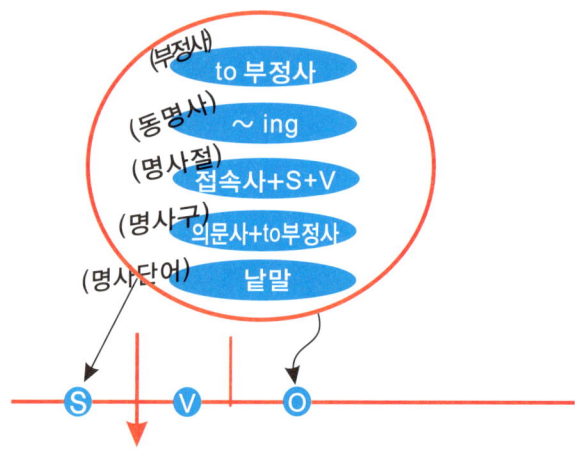

1. 단어가 주어   Necessity is the mother of invention.
   목적어   Did she lose her umbrella?

2. 구가 주어   When to start this plan is a difficult decision.
   목적어   Do you know how to open this box?

3. 절이 주어   Who will go there is a question.
   목적어   I wondered whether it could be true or not.

4. 동명사가 주어   Making much money can't be the end of life.
   목적어   I remember seeing her before.

5. 부정사가 주어 To do business without advertising does not pay.
   목적어   I remembered to see her tonight.

반복기억 — 보어자리에 오는 명사를 기억하자.

(명사)가 온다는 것은
(명사) 역할을 하는 것도 온다는 것이다.
(명사) 역할을 하는 형태를 다 기억하자.

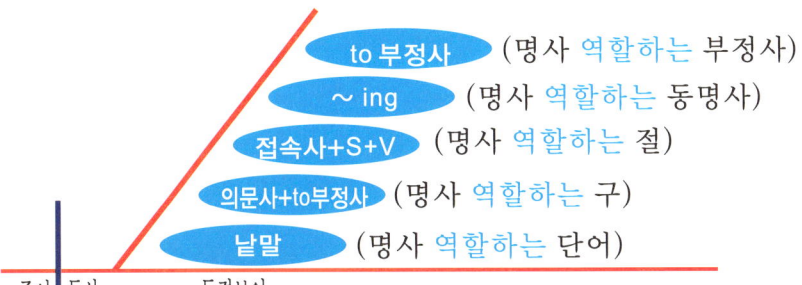

반복기억 — 보어자리에 오는 형용사를 기억하자.

(형용사)가 온다는 것은
(형용사) 역할을 하는 것이 온다는 것이다.
(형용사) 역할을 하는 형태를 다 기억하자.

(형용사절)은 보어자리에 오지 않는다.

〈발췌 : 이것이 영어다〉

Day, Month date, year, Weather

남산은 위치하고 있어요.
(Namsan, located)
대한민국 서울의 중심에
(in, center, Seoul, South Korea).

1.

저는 삼촌과 함께 서울 남산에 갔어요.
(I, Namsan, with, uncle, my).
우리는 정말 설레고 기대되었어요.
(really, excited, and, looking, forward, it).

2.

남산 등산로를 따라 걸으면
(As, walked, along, hiking, trail, on),
정상에 도착할 수 있어요.
(we, able, to, reach, the, top, of, mountain).

3.

정상에는
(At, top),
아름다운 전망이 펼쳐졌어요.
(a, view, unfolded)
서울 타워와 함께
(along, with, Seoul Tower).

4.

제 동생은 거의 넘어질 뻔했어요.
(younger, sibling, nearly, fell)
가파른 길을 / 빠르게 내려오다가
(while, quickly, descending, steep, path).

5.

그 순간에
(that, at, moment),
한 외국인이 제 동생을 잡아주었어요.
(foreigner, caught, him).
지금도 생생하게 그 순간을 기억하고 있어요.
(still, vividly, remember, that, moment).

6.

34 · 영어일기 따라쓰기

Topic :

1.
   남산은 위치하고 있어요.
   Namsan ☐ located
   대한민국 서울의 중심에
   in ☐ center ☐ Seoul, South Korea.

2.
   저는 남산에 갔어요/ 삼촌과 함께
   I ☐ ☐ Namsan with my ☐.
   우리는 정말 설레고 기대했어요.
   We ☐ really excited and looking forward ☐ it.

3.
   남산 등산로를 따라 걸으면
   As we walked along with hiking trail on Namsan,
   정상에 도착할 수 있어요.
   we are able to ☐ the top of the mountain.

4.
   정상에서
   At ☐ summit,
   아름다운 전망이 펼쳐졌어요.
   a ☐ view unfolded
   서울 타워와 함께
   along with ☐ Seoul Tower.

5.
   제 동생은 거의 넘어질 뻔했어요.
   My younger sibling nearly ☐
   가파른 길을/ 빠르게 내려오다가
   while quickly descending the steep path.

6.
   그 순간에 At that moment,
   한 외국인이 제 동생을 잡아주었어요.
   a foreigner ☐ him.
   지금도 생생하게 그 순간을 기억하고 있어요.
   I still vividly remember that moment.

Day, Month date, year, Weather

오늘은 Today, 나는 생각해 보았다 (reflected)
자연과의 소통에 대해 (on, communicating, with).

1. _____

나는 자주 공원에 가서 (often, I, go, park)
나무 아래에서 시간을 보내곤 한다. (and, spend, under, trees).

2. _____

잎사귀가 흔들리는 소리, (rustling, leaves, of)
새들의 지저귐, (chirping, birds, of),
강물이 흐르는 소리 등 (and, flowing, river, of, sound)
모두가 메시지인 것 같았다 (all, seemed, like)
자연이 내게 전하는 (from, nature, to).

3. _____

자연은 말을 하지 않지만, (Nature, speak),
그 속에서는 (it, but, within),
많은 것을 느낄 수 있다. (can, feel, so, much).

4. _____

나는 느꼈다. (felt)
얼마나 편안하고 안정적인지를 (comforting, reassuring, it, is)
자연과 함께 있다는 것이 (to, be, with).

5. _____

Topic :

오늘은
Today, 나는 생각해 보았다 [ ] reflected
자연과의 소통에 대해
on communicating with [ ].

- 1.

나는 자주 공원에 가서
I often go [ ] [ ] park
나무 아래에서 시간을 보내곤 한다.
and spend [ ] under [ ] trees.

- 2.

잎사귀가 흔들리는 소리,
[ ] rustling of leaves,
새들의 지저귐,
the chirping of birds,
강물이 흐르는 소리 등
the sound of a flowing river
모두가 메시지인 것 같았다
all seemed like [ ]
자연이 내게 전하는
from nature to [ ].

- 3.

자연은 말을 하지 않지만,
Nature [ ] speak,
그 속에서는
but within it,
많은 것을 느낄 수 있다.
[ ] can feel so much.

- 4.

나는 느꼈다.
I felt
얼마나 편안하고 안정적인지를
[ ] comforting [ ] reassuring it is
자연과 함께 있다는 것이
to be with [ ].

- 5.

영어식 표현을 익히자

한국어 동사가 〈..하다〉라고 영어로 〈do..〉가 아니다.
1:1 단어 뜻에서 벗어나 표현법의 차이를 아는 것이 필요하다.

예를 들면, ▪1. 약속하다 / make a promise
　　　　　▪2 산책하다 / take a walk
　　　　　▪3 충고하다 / give advice

▪1. 경찰에 전화는 했어?
　　→ ☐ ☐ call the police?

▪2. 그는 여기 주변에서 자랐습니까?
　　→ ☐ ☐ grow up around here?

▪3. 그녀는 집에 있었나요?
　　→ ☐ ☐ at home?

▪4. 너희들 학교에 지각했어? (late)
　　→ ☐ ☐ late for school?

언어는 따라쟁이가 잘 한다

놀라움을 나타내는 '세상에' 이 말을
우리는 '세계에' 라고는 하지 않는다.
영어로는 Oh my God!, 또는 Oh my! 이 말과 비슷하다.
같은 의미를 언어로 표현할 때
뜻이 같은 단어를 찾으려고 하지마라
문장의 의미에 따라 단어를 써야 한다.

- 1. 그의 손에 쟁반이 있니?
    → ☐ ☐ have a tray in his hands?

- 2. 엄마, 밖이 추워요?
    → ☐ ☐ cold outside, mom?

- 3. 어떻게 그렇게 냉정할 수 있어요?
    → How can ☐ ☐ so cold?

- 4. 하루에 5시간 미만을 주무세요?
    → ☐ ☐ sleep less than 5 hours a day?

Day, Month date, year, Weather

오늘 Today,
나는 갔었다 (went)
놀이 공원에 (to, park, amusement).

1. ___

나는 일찍 일어났다 (woke, early, up)
아침에, (the, in, morning).

2. ___

나는 즐거웠고 (joyful, I)
그리고 또한 (also, and)
나는 기대감에 가득 찼었다. (full, of, I, anticipation).

3. ___

나의 친구들과 함께 (along, with),
우리는 지하철을 탔다. (take, the, subway).

4. ___

우리는 공원으로 향했다. (head, to, park).

5. ___

도착했을 때, (arrival, upon),
스릴 넘치는 탈것들이 (thrill, rides)
그리고 재미있는 놀이터들이 (and, excite, playgrounds)
우리를 맞이했다. (us, greeted).

6. ___

Topic :

오늘 Today,
나는 갔었다 I ☐
놀이 공원에
　　　　to ☐ amusement park.

■ 1. _____

나는 일찍 일어났다
　　　　☐ woke up early
아침에, in ☐ morning.

■ 2. _____

나는 즐거웠고 I ☐ joyful
그리고 또한 and also,
나는 기대감에 가득 찼었다.
　　　　I ☐ full of anticipation.

■ 3. _____

나의 친구들과 함께 Along with ☐☐,
우리는 지하철을 탔다.
　　　　☐ took the subway.

■ 4. _____

우리는 공원으로 향했다.
　　　　☐ headed to ☐ park.

■ 5. _____

도착했을 때,
Upon ☐,
스릴 넘치는 탈것들이
thrilling rides
그리고 재미있는 놀이터들이
and exciting playgrounds
우리를 맞이했다.
☐ us.

■ 6. _____

Day, Month date, year, Weather

어제
　　Yesterday,
우리는 방문했다
　　(visited)
국립 박물관을
　　(National Museum).

1. _____

나와 두 친구는 일찍 일어났다
　　(my, friends, two, woke, up, early)
아침에
　　(in, morning).

2. _____

우리는 역사에 관심이 많다는 공통점이 있다.
　　(share, we, interest, in).

3. _____

박물관에 가면
　　(When, go, a, museum),
우리는 현재를 더 잘 알 수 있다
　　(we, understand, can, present, better).

4. _____

나는 가득 차 있었다 / 행복으로
　　(I, filled, with, happiness)
그리고 함께 간다는 기대감에
　　(and, anticipation, of, go, together).

5. _____

도착했을 때, (when, arrived, we),
벌써 많은 방문객이 대기하고 있었다 / 입장하려고
　　(visitors, many, already, waiting, enter).

6. _____

Topic :

어제
　　　Yesterday,
우리는 방문했다
　　　☐ visited
국립 박물관을
　　　☐ National Museum.

■1. _____

나와 두 친구는 일찍 일어났다
　My two friends ☐ ☐ woke up early
아침에
　in ☐ morning.

■2. _____

우리는 역사에 관심이 많다는 공통점이 있다.
　　We share ☐ ☐ interest in ☐.

■3. _____

박물관에 가면
　　When we go ☐ a museum,
우리는 현재를 더 잘 알 수 있다
　we can understand ☐ present better.

■4. _____

나는 가득 차 있었다 / 행복으로
　　I ☐ filled with happiness
그리고 함께 간다는 기대감에
　　and anticipation of going together.

■5. _____

도착했을 때, When we arrived,
벌써 많은 방문객이 대기하고 있었다 / 입장하려고
　many visitors ☐ already waiting ☐ enter.

■6. _____

43

묻는 감각을 키우자

대화는 대체로 질문으로 시작한다.
내가 물을 수 없다면, 대화를 시작할 수 없다.
나는 영어로 물을 수 있는가?

- 1. 이게 필요한 사람?
  → ⬜ anyone need this?

- 2. David, 너 감기 걸렸니?
  → David, ⬜ ⬜ catch a cold?

- 3. 너 제정신이니?
  → ⬜ you out of your mind?

  - 4. 무엇을 하세요 / 몸 관리를 위해?
    → ⬜ do you do / to stay in shape?

  - 5. 오늘 열쇠를 잃어버렸니?
    → ⬜ ⬜ lose your keys today?

- 6. 너는 그것이 진짜 괜찮다고 생각한 거야?
  → ⬜ you actually think it was good?

어떻게 시작할까?

질문을 할 때, 어떻게 뒤에 올 내용을 알고
be동사, do동사, 조동사, 의문사로 시작하는 걸까?
그것은 반복되는 경험에서 오는 언어적 직감이다.
따라서 훈련이 필요하다.

- 1. 왜 네가 여기 있는 거야?
  → ☐ ☐ you here?

- 2. 오늘 나 어떻게 보여?
  → How do ☐ look today?

- 3. 언제 그가 돌아올까요?
  → ☐ do ☐ expect him back?

- 4. 어떻게 그렇게 친절할 수 있니?
  → ☐ can you be so ☐ ?

- 5. 소음을 줄일 수 있는 방법이 있나요?
  → ☐ ☐ any way to reduce noise?

- 6. 그런 건 어디서 배웠어?
  → ☐ ☐ you learn how to do that?

Day, Month date, year, Weather

　　　　수업 중에는
　　　　　(during),
　새로운 수학 문제를 푸는 것이 어려웠다.
　　　(solve, problems, difficult).

1. _____

　　　　그런데 갑자기
　　　　(however, suddenly)
　선생님이 우리에게 말씀하셨다
　　　(our, said, us),
　　　　"모험을 시작해봐.
　　　"Let's embark (on, adventure).

2. _____

　　　아무것도 두렵지 않아."라고
　　　　(is, nothing) scary."

3. _____

　　　그리고 웃으시며"
　　　　(Then, a, with, smile),
　선생님은 말씀하셨다
　　　(teacher, the, said),
　　"두려움은 너의 선택이야."
　　　(Fear, your, is, choice).

4. _____

　　　"용기를 가져봐."
　　　(courage, have).

5. _____

　　　"넌 할 수 있어."
　　　(You, do, can, it).

6. _____

Topic :

수업 중에는
During ____,

새로운 수학 문제를 푸는 것이 어려웠다.
Solving ____ ____ problems was difficult.

1. _____

그런데 갑자기
However, suddenly

선생님이 우리에게 말씀하셨다
Our ____ said ____ us,

"모험을 시작해봐.
"Let's embark on ____ adventure.

2. _____

아무것도 두렵지 않아."라고
Nothing ____ scary."

3. _____

그리고 웃으시며"
Then, with ____ smile,

선생님은 말씀하셨다
the teacher said,

"두려움은 너의 선택이야."
"Fear ____ your choice."

4. _____

"용기를 가져봐.
"____ courage."

5. _____

"넌 할 수 있어."
"You can ____ it."

6. _____

Day, Month date, year,　Weather

오늘은 (today), 토이 스토리를 보았다 / 친구들과 함께 (I, watch, my, with).

1. _____

영화 속에는 (the, in, movie), 모험이 우리가 잘 알고 있는 장난감 친구들의 (adventures, the, familiar, toy, friends, of) 펼쳐졌다 / 우리 앞에 (unfolded, before).

2. _____

특히 나는 매료되었다 (I, was, particularly, captivate) 장난감 친구들의 우정과 모험에 (by, friendship, and) 우디와 버즈라는 (of, Woody, Buzz).

3. _____

그들은 어려운 상황에 처했을 때도 (even when, faced, with, difficult, situations), 결코 포기하지 않고 함께 협력해 (they, gave, up, worked, never, together) 문제를 해결했다 (to, problems, solve).

4. _____

이 영화를 보면서 (While, watching, movie), 나는 다시 한 번 느꼈다 / 소중함을 (once, again, felt, preciousness) 우정과 협력의 (of, friendship, cooperation).

5. _____

Topic :

1. 오늘은 / 친구들과 함께 / 토이 스토리를 보았다
   Today, I [____] Toy Story with my friends.

2. 영화 속에는 / 우리가 잘 알고 있는 장난감 친구들의 / 모험이 / 우리 앞에 / 펼쳐졌다
   In the movie, the adventures of familiar toy friends unfolded before [____].

3. 특히 나는 매료되었다 / 장난감 친구들의 우정과 모험에 / 우디와 버즈라는
   I [____] particularly captivated by [__] friendship and [_____] of Woody and Buzz.

4. 그들은 어려운 상황에 처했을 때도 / 결코 포기하지 않고 함께 협력해 / 문제를 해결했다
   Even when [____] faced with difficult situations, [____] never gave up [__] worked together to solve problems.

5. 이 영화를 보면서 / 나는 다시 한 번 느꼈다 / 소중함을 / 우정과 협력의
   While [_____] this movie, [__] once again felt [__] preciousness of friendship and cooperation.

1세대동사

어떤 언어든지
동사를 꿰뚫어 볼 수 있는 능력이 있어야
비로소 그 언어 감각이 생긴다.

1세대동사는 주어가 필요한 서술동사이다.

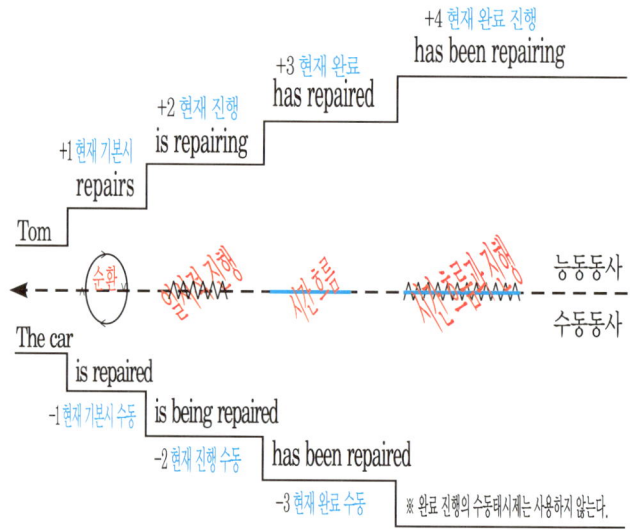

기억

be동사 대신 get동사를 쓰는 것도 알자.
이것은 비격식이지만
동작에 중점을 더 주고자 할 때 실생활에서 많이 쓰인다.

- 1. get married (현재 수동)
- 2. got arrested (과거 ☐)
- 3. will get used to (미래 수동)

2세대동사

to + 동사원형 / 동사원형+ing

일반적으로
(to+동사원형)과 (동사원형+ing)는
(준동사)라 하는 용어로 학습해 왔다.
동사에 준한다는 뜻이다.

그러나 (준동사)라는 용어가 애매하다.
모호한 용어를 억지로 가르치고 배우기 때문에
평범한 우리는 영어를 더 어렵게 배운다.
이젠 준동사가 아닌
1세대 서술동사에서 나온
2세대동사로 이해하자.
1세대 부모에게서 2세대 자식이 나온 것이다.
따라서
하나의 문장에 몇 개가 나와도 상관이 없는
(비한정동사)이다.

기억 (to+동사원형)과 (동사원형+ing)는

문장에서 명사로 쓰인다.
문장에서 형용사로 쓰인다.
문장에서 부사로 쓰인다.

〈발췌 : 이것이 영어다〉

Day, Month date, year, Weather

오늘은 특별한 날이었어요.
(Today, special, day)
줄넘기를 배우고 연습하는
(learn, and, practice, jump rope)
친구들과
(with, my).

1. _____

저는 친구들과 함께 놀이터로 갔어요.
(We, to, playground, together).

2. _____

먼저, 친구 중에 한 친구가
(There, one, of, my)
줄넘기를 잘하는
(who, good, at, jump rope)
나에게 줄넘기를 하는 방법을 알려주었어요
(taught, how, do, it).

3. _____

나는 몇 번 걸리기도 했어요 / 줄을 뛰면서
(times, stumbled, a few, while, jumping),
친구들이 저를 격려해 주면서 계속 연습했어요.
(but, my, encouraged, keep, practicing).

4. _____

그 결과,
(a, as, result)
나 또한 어느 정도는 줄넘기를 할 수 있게 되었지요!
(able, jump rope, to, some, extent, too)!

5. _____

Topic :

오늘은 특별한 날이었어요.
Today [ ] [ ] special day

줄넘기를 배우고 연습하는
[ ] learn and practice jump rope

친구들과
with my [ ].

■1. _____

저는 친구들과 함께 놀이터로 갔어요.
We [ ] to [ ] playground together.

■2. _____

먼저, 친구 중에 한 친구가
There, one of my [ ]

줄넘기를 잘하는
who [ ] good at jump rope

나에게 줄넘기를 하는 방법을 알려주었어요
taught [ ] how [ ] do it.

■3. _____

나는 몇 번 걸리기도 했어요 / 줄을 뛰면서
I stumbled a few [ ] while jumping,

친구들이 저를 격려해 주면서 계속 연습했어요.
but my friends encouraged [ ] [ ] keep practicing.

■4. _____

그 결과,
As a result,

저도 어느 정도는 줄넘기를 할 수 있게 되었어요!
I [ ] able [ ] jump rope to some extent, too!

■5. _____

Day, Month date, year, Weather

오늘은 좋아하는 야구 경기를 관람했어요.
Today, (went, watch, my, favorite, game).

1. _____

선수들의 열정적인 경기를 지켜보면서
(Watching, passionate, of, players),
정말 즐거운 시간을 보냈어요.
(I, had, really, enjoyable).

2. _____

경기는 내가 응원하는 팀이 이겼어요!
(My, won, game)!
그들의 승리로 인해
(Thanks, their, victory),
경기장은 환호와 박수로 가득 찼어요.
(stadium, filled, with, cheers, applause).

3. _____

스포츠 경기는 더 재미있어요.
(Sports games, more, enjoyable)
팀이 있어야
(when, you, team)
응원하는
(support).

4. _____

신나는 응원을 할 수 있거든요
(You, can, enthusiastically)
경기할 때
(during).

5. _____

Topic :

오늘은 좋아하는 야구 경기를 관람했어요.
Today, ▢ went ▢ watch my favorite ▢ game.

1. ___

선수들의 열정적인 경기를 지켜보면서
Watching ▢ passionate game of ▢ players,

정말 즐거운 시간을 보냈어요.
I had ▢ really enjoyable ▢.

2. ___

경기는 내가 응원하는 팀이 이겼어요!
My ▢ won ▢ game!

그들의 승리로 인해
Thanks ▢ their victory,

경기장은 환호와 박수로 가득 찼어요.
▢ stadium ▢ filled with cheers ▢ applause.

3. ___

스포츠 경기는 더 재미있어요.
Sports games ▢ more enjoyable

팀이 있어야
when you ▢ ▢ team

응원하는
▢ support.

4. ___

신나는 응원을 할 수 있거든요
You can ▢ enthusiastically

경기할 때
during ▢ ▢.

5. ___

문장은 만드는 것이다

이런 실험을 했다.
특정한 그림을 여러 사람에게 보여주고
그 그림을 글로 묘사하라는,
그런데 같은 문장으로 쓴 글은 없었다.
이 실험에서 알 수 있듯
같은 내용이지만 전하는 방식은 다를 수 있다.
문장은 일정한 틀을 근거로 만들어지는 창조다.

- 1. 여기 무슨 일이요?
    → 무슨 일로 여기 오셨어요?
    → 왜 여기 오셨어요?

    → ☐ brings you here?

    → What brought ☐ here?

    → Why ☐ you come here?

- 2. 얼마나 오래 그들은 머무는데?
    → 얼마나 오래 그들은 머물 건가요?

    → How long ☐ their stay?
    → How long ☐ they staying?
    → How long ☐ they stay?
    → How long will they ☐ staying?
    → How long ☐ they going to stay?

1:1 시각에서 벗어나자

같은 1:1 의미라도
표현 방식이 다를 수 있다.
모국어도 외국어도j
1:1 시각에서 벗어나야 한다.
같은 의미라도 표현 방식이 다를 수 있다.

- 1. 주문을 받아도 되겠습니까?
    → 주문하시겠어요?
    → 구매하실 준비가 되었나요?

    → May ⬚ take your order?

    → Would ⬚ like to place an order?

    → ⬚ you ready to make a purchase?

- 2. 어떻게 지내니?
    → 어떻게 지내세요?

    → How are ⬚ ?
    → How are you ⬚ ?
    → How ⬚ it going with you?
    → How ⬚ you been?

Day, Month date, year, Weather

오늘은 Today,
친구들과 나는 즐겼다 (my, and, enjoy)
PC 전자 게임을 하며 / 함께 (play, PC games, together).

1. _____

토요일이라서 (it, since, Saturday)
학교 수업이 없는 (we, and, didn't, school),
게임을 시작했다. (playing, we, start)
집에 있는 각자의 컴퓨터로 (on, respective, at, home).

2. _____

게임 속에서 (the, in),
우리는 협동하여 임무를 수행하고, (we, cooperate, complete, missions)
전략을 짜며 서로 도와주었다. (and, strategized, help, out).

3. _____

가끔은 Sometimes
경쟁적으로 서로 대결하기도 했지만, (we, even, competed, against),
그런 순간도 깊게 만들었다 (but, those, moments, deepen)
우리의 우정을 한층 더 (our, even, more).

4. _____

Topic :

오늘은
Today,
친구들과 나는 즐겼다
My [____] and [__] enjoyed
PC 전자 게임을 하며 / 함께
playing PC games together.

1. _____

토요일이라서
Since it was [_____]
학교 수업이 없는
and we didn't [__] school,
게임을 시작했다.
we started [_____] games
집에 있는 각자의 컴퓨터로
on [____] respective [_____] at home.

2. _____

게임 속에서
In [__] games,
우리는 협동하여 임무를 수행하고,
we cooperated to complete missions
전략을 짜며 서로 도와주었다.
and strategized [__] help [__] out.

3. _____

가끔은
Sometimes
경쟁적으로 서로 대결하기도 했지만,
we even [_____] against each other,
그런 순간도 깊게 만들었다
but those moments deepened
우리의 우정을 한층 더
our friendship even more.

4. _____

Day, Month date, year, Weather

점심 시간에 (during), 재미있는 이야기를 나누었다 (had, an, interesting) 친구들과 함께 (with, my).

1. _____

그리고 그들 중 한 명이 갑자기 말했다. (Then, one, of, suddenly), "히어로가 되고 싶어!" (want, be, hero)!"

2. _____

그 말을 듣고, (Upon, hearing, replied), 나는 대답했다. 나는 "히어로가 되려 하지 마. 히어로가 되라 (try, become, hero). Be one."

3. _____

그리고 나는 그 친구에게 웃으며 말했다. (Then, smile, said, that, friend), "넌 이미 히어로야. (already, hero)."

4. _____

네가 할 수 있는 일을 해나가면 (just, doing, keep, what, can), 그게 바로 히어로가 되는 길이야. (that's, path, to, becoming).

5. _____

Topic :

During lunchtime, we had an [____] story with my [____].

■ 1. _____

Then [____] of them suddenly said, "[____] want to be hero!"

■ 2. _____

Upon hearing that, [____] replied, "[____] try [____] become a hero. Be one."

■ 3. _____

Then, [____] smiled and said to that friend, "You are [____] a hero."

■ 4. _____

Just keep doing what [____] can do, that's the [____] to becoming a hero.

■ 5. _____

61

아래에 있는 영어 단어만 알아도 많은 말을 영어로 할 수 있다.

I, you, this, know, do, did, can, too, how, when

1. 넌 이것을 알고 있다.
   → _____

2. 이것을 알고 있지?
   → _____

3. 이것을 어떻게 알아?
   → _____

4. 언제 이것을 알았어?
   → _____

5. 너도 역시 이것을 알 수 있다.
   → _____

6. 넌 이것을 알 수 있니?
   → _____

7. 어떻게 이것을 알았어?
   → _____

대화를 하려면 문장을 만들 수 있어야 한다.

I, you, that, work, do, did, can, hard, why, where

1. 나는 저것을 했다.
   → _____

2. 나는 왜 저것을 했지?
   → _____

3. 너는 열심히 일을 했니?
   → _____

4. 너는 어디서 일을 하니?
   → _____

5. 왜 일을 열심히 하세요?
   → _____

6. 너는 저것을 할 수 있니?
   → _____

7. 나는 어디서 저것을 할 수 있나요?
   → _____

Day, Month date, year, Weather

날씨는 오늘도 맑고 상쾌하다.
(weather, clear, and, refreshing, today).

1. _____

수업 중에 (during, class),

선생님이 갑자기 물었다
(our, suddenly, ask, us),

"가장 강력한 무기는 무엇인가요/ 여자에게?"
"(What, the, most, powerful, for, a, woman)?"

2. _____

나는 선생님께 대답했다. "눈물이 아닙니다."
(I, answered, "Not)."

3. _____

최고의 무기는 / 우리가 가진

(greatest, weapons, we)

"
용기와 인내력, 그리고 희망을 잃지 않는 것입니다.
(are, courage, and, never, losing, hope).

4. _____

"정답이야."라고 선생님이 말씀하셨다.
"(That's, correct," the, said).

5. _____

Topic :

날씨는 오늘도 맑고 상쾌하다.
☐ weather ☐ clear and refreshing today.

- 1. _____

수업 중에
During class,

선생님이 갑자기 물었다
Our ☐ suddenly asked us,

"가장 강력한 무기는 무엇인가요/ 여자에게?"
"What ☐ the most powerful ☐ for a woman?"

- 2. _____

나는 선생님께 대답했다. "눈물이 아닙니다."
I answered, "Not ☐."

- 3. _____

최고의 무기는 /우리가 가진
☐ greatest weapons we have
"
용기와 인내력, 그리고 희망을 잃지 않는 것입니다.
are courage, ☐ and never losing hope.

- 4. _____

"정답이야."라고 선생님이 말씀하셨다.
"That's correct," the ☐ said.

- 5. _____

Day, Month date, year, Weather

1. 오늘, 화학 수업 중에 (during, chemistry), 새로운 실험을 진행했다 (we, conduct, experiment).

2. 실험이었다 (It, experiment) 폭죽을 터뜨리는 (where, we, set off, fireworks) 우리가 만든 (made).

3. 우리 친구들은 환호했다. (friends, cheer) 색색의 폭죽이 터져나오는 모습에, (at, sight, of, colorful, bursting).

4. 그 순간 (that, at, moment), 나는 대사가 떠올렸다. (recall, a, line) 마블 히어로들이 자주 하는 (often, spoken, by, Marvel).

5. "놀랄 일이 아니야. (This, no, surprise).

6. 이건 화려한 폭발이야." (It's, dazzling, explosion)."

Topic :

오늘, 화학 수업 중에
　　　　　　, during chemistry ▢,
새로운 실험을 진행했다
　　we conducted ▢ ▢ experiment.

- 1. _____

실험이었다
　It ▢ ▢ experiment
폭죽을 터뜨리는
　where we set off the ▢
우리가 만든
　　we made.

- 2. _____

우리 친구들은 환호했다.
　▢ friends cheered
색색의 폭죽이 터져나오는 모습에
　at ▢ sight of colorful ▢ bursting.

- 3. _____

그 순간 At that moment,

나는 대사가 떠올렸다.
　▢ recalled a line
마블 히어로들이 자주 하는
　often spoken by Marvel ▢.

- 4. _____

"놀랄 일이 아니야.
"This ▢ no surprise.

이건 화려한 폭발이야."
　It's ▢ dazzling explosion."

- 5. _____

Let's ask anything in English!
무엇이든지 영어로 물어 보자!

it so cold?
1. 왜 이렇게 춥지?
→ _____

your life going?
2. 너 사는 건 어때?
→ _____

the movie start?
3. 영화는 어떻게 시작합니까?
→ _____

☐ ☐ **my phone charger?**
4. 내 휴대폰 충전기 어딨어?
→ _____

you been?
5. 어떻게 지내고 있어?
→ _____

take out the trash?
6. 쓰레기 좀 내놔 줄래요?
→ _____

you trying to help me?
7. 왜 나를 도우려는 거야?
→ _____

더 강하게 묻다

부사가 있냐 없냐는,
말의 느낌과 맛에 차이를 줄 수도 있다.

네모를 채워 영어로 물어보자.

you even like me?
1. 도대체 날 왜 좋아하는 거야?
→ _____

ever think about retiring?
2. 은퇴에 대해서 생각해 본 적 있으신가요?
→ _____

always been like that?
3. 그는 항상(원래) 그랬어?
→ _____

☐ ☐ ever been on a diet?
4. 다이어트 해본 적 있어?
→ _____

you so obsessed with me?
5. 너 왜 그렇게 나한테 집착해?
→ _____

you still eating that?
6. 왜 아직도 그걸 먹고 있는 거야?
→ _____

ever had an upset stomach?
7. 한번이라도 배탈 난 적 있어?
→ _____

69

Day, Month date, year, Weather

오늘은 (today),
정말 맛있는 간식을 먹었어요 (delicious, had, really, snack)!

1. _____

저녁을 먹고나서, (dinner, after)
엄마가 저에게 딸기 요거트를 줬어요 (gave, some, yogurt, strawberry, mom).

2. _____

딸기 요거트는 (was, the)
시원하고 달콤해서 (so, refreshing, sweet, and),
정말 맛있었어요 (it, really, tasty, was).

3. _____

그리고 더 좋은 건 (best, the, and, part, was)
작은 딸기 조각들도 들어있었어요 (there, were, pieces, strawberries, of)
요거트 안에는 (the, inside)!

4. _____

딸기 조각들은 (was, the)
시원하고 달콤해서 (so, fresh, sweet)
먹을 때마다 행복한 기분이 들었어요 (every, bite, happy, made, feel, me).

5. _____

나는 딸기 요거트를 맛있게 먹으면서, (as, I, the, enjoyed),
알게 되었어요 (realized, I)
간식 시간은 항상 가져오는 것을 (that, always, brings)
행복한 기억을 (memories).

6. _____

70 · 영어일기 따라쓰기

Topic :

1. 오늘은 정말 맛있는 간식을 먹었어요
Today, [ ] had [ ] really delicious snack!

2. 저녁을 먹고나서, 엄마가 저에게 딸기 요거트를 줬어요
After dinner, [ ] mom gave some strawberry yogurt.

3. 딸기 요거트는 시원하고 달콤해서 정말 맛있었어요
The strawberry yogurt was so refreshing and sweet, it was really tasty.

4. 그리고 더 좋은 건 작은 딸기 조각들도 들어있었어요 요거트 안에는
And the best part was there were [ ] pieces of strawberries inside the yogurt!

5. 딸기 조각들은 시원하고 달콤해서 먹을 때마다 행복한 기분이 들었어요
The [ ] [ ] were so fresh [ ] sweet every bite made me feel happy.

6. 나는 딸기 요거트를 맛있게 먹으면서, 알게 되었어요 간식 시간은 항상 가져오는 것을 행복한 기억을
As I enjoyed the [ ] [ ], I realized that [ ] [ ] always brings [ ] memories.

71

Day, Month date, year, Weather

점심 식사 때,
(during),
엄마가/ 만들어 주셨어요/맛있는 김밥을
(my, mom, made, delicious)
우리를 위해
(for).

1. ___

김밥 속에는
(the, inside kimbap),
맛있는 당근, 오이, 그리고 계란 등이 들어있었어요
(there, tasty, carrots, cucumbers, eggs).

2. ___

뿌듯한 마음에
(proud, feeling),
엄마께 감사했어요
(I, thank, my)
진심으로
(from, of, bottom, heart).

3. ___

우리 가족은 함께 앉았다
(sat, down, together)
식탁에
(at, dining, table)
점심을 즐기려고
(enjoy, to).

4. ___

점심식사 후에는
(after),
함께 식탁을 치우고,
(we, clear, table, together)
즐거운 시간을 보냈어요
(and, spend, joyful, moments).

5. ___

오늘의 점심식사는 정말로 특별하고 행복한 시간이었어요.
(Today's lunch, truly, a, special, happy, time).

6. ___

Topic :

점심 식사 때,
During ☐,

엄마가/ 만들어 주셨어요/맛있는 김밥을
my mom ☐ delicious kimbap

우리들 위해
for ☐.

■1. _____

김밥 속에는
Inside the kimbap,

맛있는 당근, 오이, 그리고 계란 등이 들어있었어요
there were tasty carrots, cucumbers ☐ eggs.

■2. _____

뿌듯한 마음에 Feeling proud,

엄마께 감사했어요
I thanked my mom

진심으로
from ☐ bottom of ☐ heart.

■3. _____

우리 가족은 함께 앉았다
☐ ☐ sat down together

식탁에
at the dining table

점심을 즐기려고
to enjoy ☐.

■4. _____

점심식사 후에는
After ☐,

함께 식탁을 치우고,
We cleared ☐ table together

즐거운 시간을 보냈어요
and spent ☐ moments.

■5. _____

오늘의 점심식사는 정말로 특별하고 행복한 시간이었어요.
Today's lunch was truly a special ☐ happy time.

■6. _____

고기 잡는 법을 익히자

고기 잡는 방법을 알면
누가 먹을 것을 주지 않아도 살 수 있다.
먹는 것을 스스로 해결할 수 있기 때문이다.
어떤 일을 하더라도
고기 잡는 법은 기본을 다지는 것이다.

기본 없이는 그저 그런 실력으로 끝이다.
더 깨닫는 실력이 없기 때문이다.
창의성의 본질은 기본이다.

✓ Make sentences asking the underlined parts.

1. He lives in Manhattan.
   → Where does _____ _____?

2. My birthday is in April.
   → _____ _____ your birthday?

3. The frog cries in the pond.
   → [   ] [   ] the frog [   ]?

4. He goes to school on foot.
   → [ ][ ][ ][ ] to school?

누가 이렇게 말합니까?

한국어를 영어 어순으로 말하면?
누가 한국어를 이렇게 말하니? 할 것이다.
영어가 모국어인 사람들은 그렇게 말한다.
처음에는 그렇게 말하는 것을 따라하다 보면
나중에는 이렇게 저렇게 말할 수 있는
영어 어순에 익숙해지는 하나의 방법이 될 수 있다.

1. Where do you go
넌 어디 가?

   every afternoon
   오후마다

   ☐ yourself?
   혼자서

2. Being all talk and no action
말만하고 행동이 없는 것은

   is not the best way
   좋은 방법이 아니다.

   to ☐ a meaningful relationship.
   의미 있는 관계를 시작하는

75

Day, Month date, year, Weather

학교에 가기 전에,
(going, before, school),
엄마가/ 준비해 주셨어요/맛있는 아침을
(my, prepare, delicious).

1. _____

학교에 가서는
(at, school)
수업도 열심히 듣고 놀기도 했어요
(study, hard, and, also, had, fun)
친구들과 함께
(with).

2. _____

점심 시간에는
(during),
나는 선택했어요/ 제일 좋아하는 메뉴를
(chose, my, favorite, menu)
학교에서
(at).

3. _____

맛있는 음식을 먹으니까
(eating)
친구들과 함께 웃으면서
(while, laughing, with)
기분이 더 좋았어요.
(made, even, happier).

4. _____

저녁에는
(the, in, evening),
나는/복습했어요/학교에서 배운 것을
(reviewed, what, learn, at)
엄마와 함께
(mom, my).

5. _____

저는 기뻤어요 /엄마와 더 가까워진 것 같아서
(was, happy, feel, closer, to)
함께 공부하면서
(while, together).

6. _____

76 · 영어일기 따라쓰기

Topic :

학교에 가기 전에,
Before going ☐ school,

엄마가/ 준비해 주셨어요/맛있는 아침을
my mom prepared ☐ delicious ☐ .

■ 1. _____

학교에 가서는
At school,

수업도 열심히 듣고 놀기도 했어요
☐ studied hard and also had fun

친구들과 함께
☐ my friends.

■ 2. _____

점심 시간에는
During ☐ ,

나는 선택했어요/ 제일 좋아하는 메뉴를
☐ chose my favorite menu

학교에서
at ☐ .

■ 3. _____

맛있는 음식을 먹으니까
Eating ☐ ☐

친구들과 함께 웃으면서
while laughing with ☐

기분이 더 좋았어요.
made ☐ even happier.

■ 4. _____

저녁에는
In the evening,

나는/복습했어요/학교에서 배운 것을
☐ reviewed what ☐ learn at ☐ .

엄마와 함께
☐ my mom.

■ 5. _____

저는 기뻤어요 /엄마와 더 가까워진 것 같아서
☐ was happy ☐ feel closer to my mom

함께 공부하면서
while ☐ together.

■ 6. _____

77

Day, Month date, year, Weather

오늘 아침에
(this),
나는 먹었어요!
(had)
맛있는 아침 식사를
(a, delicious)

1. _____

아빠가 만들어 주셨어요.
(my, dad, make)
맛있는 팬케이크를 우리를 위해
(tasty, pancakes, for)

2. _____

팬케이크는 바삭바삭했어요
(pancakes, crispy)
그리고 달콤한 맛이 났어요.
(and, had, sweet, flavor).

3. _____

아빠는 팬케이크 위에 얹어 주셨어요
(also, dad, topped, pancakes)
딸기와 바나나를
(with, strawberries, bananas).

4. _____

아침을 시작하는 것은
(starting, the)
가족들과 함께
(with, my)
정말 멋진 시간이에요.
(such, wonderful).

5. _____

이런 아침이 매일이면 좋겠어요.
(wish, every, morning, could, like, this)."

6. _____

Topic :

오늘 아침에 This morning,
나는 먹었어요! I had
맛있는 아침 식사를 a delicious ☐ !

1. _____

아빠가 만들어 주셨어요. My dad made
맛있는 팬케이크를 우리를 위해 tasty pancakes for us.

2. _____

팬케이크는 바삭바삭했어요 The pancakes ☐ crispy
그리고 달콤한 맛이 났어요. and had ☐ sweet flavor.

3. _____

아빠는 팬케이크 위에 얹어 주셨어요 My dad also topped the pancakes
딸기와 바나나를 ☐ strawberries and bananas.

4. _____

아침을 시작하는 것은 Starting ☐ morning
가족들과 함께 with my family
정말 멋진 시간이에요. ☐ such ☐ wonderful time.

5. _____

이런 아침이 매일이면 좋겠어요. ☐ wish every morning could ☐ like this.

6. _____

연결할 수 있어야 한다

짧은 내용을 더 긴 내용으로 말하는 방법 중에 하나는
전치사, 접속사, (to 동사원형), (동사원형+ing)로 연결하는 것이다.
영어가 모국어가 아닌 우리들은
연결어의 쓰임을 먼저 확인하고 익혀야 한다.

1. How do I get
   어떻게 가요?

   ☐ the library
   도서관에

   from ☐ here?
   여기서

2. What's the first thing
   뭐가 처음 일이냐?

   that we must do
   우리가 할 일이

   ☐ a new employee?
   신입사원으로서

3. Where did you go
   어디로 갔었어?

   on ☐ your last vacation
   지난번 휴가는

   ☐ your friends?
   친구들과

듣고 보는 순서대로 이해한다

자신의 주소를 한국식과 영어식으로 써 보면
전하는 방식은 다르지만 결국 내용은 차이가 없다.
이와 같이 모든 언어는 듣고 보는 순서대로 이해한다.
단지 각자의 방식에 익숙하여 다른 방식이 어색할 뿐이다.

1. Anyone ——————— may have the advice ———————
      having difficulty   of our experts
              in assembling the machine

[듣고/암기] _____

_____

_____

2. Fifteen minutes ——————— helps those ———————
        in warm water   who suffer
              before going to bed   from sleeplessness.

[듣고/암기] _____

_____

_____

Day, Month date, year, Weather

당근이는 이름입니다.
(Carrot, the, name)
우리집 애완 토끼
(of, pet, rabbit).

1. _____

당근이는 오늘 세상을 떠났습니다.
(Carrot, our pet rabbit, passed, has, away)

나이가 들어
(due, old, age).

2. _____

당근이는 항상 만들어주었습니다/행복한 순간을

(Carrot, brought, always, joyous, moments)

우리 가정에
(to, our).

3. _____

그의 사랑스러운 눈빛은 우리를 항상 웃게 했습니다.

(adorable, gaze, made, always, smile).

4. _____

오늘은,
우리들이 슬퍼요/ 그를 잃어/ 너무
Today,
(mourn, his, loss, deep),

그러나
그의 기억은 영원히 남을 거예요
but
(his, memories, forever, remain)

우리 마음 속에
(in, hearts).

5. _____

Topic :

1.
당근이는 이름입니다.
    Carrot ☐ the name
우리집 애완 토끼
  of ☐ pet rabbit.

2.
당근이는 오늘 세상을 떠났습니다.
  Carrot, our pet rabbit, has passed away
나이가 들어
  ☐ to old age.

3.
당근이는 항상 만들어주었습니다/행복한 순간을
  Carrot always brought joyous moments
우리 가정에
  to our ☐.

4.
그의 사랑스러운 눈빛은 우리를 항상 웃게 했습니다.
  ☐ adorable gaze always made ☐ smile.

5.
오늘은,
우리들이 슬퍼요/ 그를 잃어/ 너무
  Today,
  ☐ mourn his loss deeply.

그러나
그의 기억은 영원히 남을 거예요
  but
  his memories ☐ forever remain

우리 마음 속에
  in ☐ hearts.

Day, Month date, year, Weather

오늘은 맑고 화창한 날씨예요.
(clear, and, sunny).

1. _____

맑고 화창한 날씨라서
(the, weather, so, bright, sunny)
나의 기분도 정말 좋아요
(that, in, a, good, mood, really).

2. _____

하루가 기대되는 걸요!
(looking, forward, to, spend, day)
함께 놀고 뛰는 친구들과의
(friends, with, playing, having, fun)!

3. _____

하얀 구름이 하나도 없어요
(there, no, white, cloud)
하늘에는
(the, in, sky).

4. _____

가을 햇빛이 따사롭게 내리쬐고 있어요.
(the, sunlight, shining, warmly, down).

5. _____

정말 예쁜 날이에요!
(It's, truly, beautiful)!

6. _____

84 · 영어일기 따라쓰기

Topic :

오늘은 맑고 화창한 날씨예요.
☐ ☐ clear and sunny.

■1. _____

맑고 화창한 날씨라서
☐ weather ☐ so bright and sunny
나의 기분도 정말 좋아요
that I'm in a really good mood.

■2. _____

하루가 기대되는 걸요!
I'm looking forward to ☐ the day
함께 놀고 뛰는 친구들과의
with ☐, playing ☐ having fun!

■3. _____

하얀 구름이 하나도 없어요
There ☐ no white clouds
하늘에는
in the sky.

■4. _____

가을 햇빛이 따사롭게 내리쬐고 있어요.
☐ autumn sunlight ☐ shining warmly down.

■5. _____

정말 예쁜 날이에요! It's ☐ truly beautiful ☐!

■6. _____

85

문화가 표현의 차이를 가져온다

한국어는 주어가 나오고, 서술동사는 문장 뒤에 온다.
영어는 〈주어+서술동사〉를 먼저 말한다.

문장에서 단어를 표현할 때
한국어와 영어는
순서가
다른 경우가 있다.

예를 들면,
〈나와 너〉를 〈you and I〉라고 한다.
〈죽으나 사나〉를 〈live or die〉라고 한다.

문화가 다른 사고방식의 차이를 보여주는 언어적 습관이다.
그러나 단어 순서가 다른 이런 경우는 그리 많지 않다.

- 1. 빈부 → rich and poor
- 2. 나와 그 → he and I
- 3. 노소 → young and old
- 4. 신사숙녀 여러분 → ladies and gentlemen
- 5. 의식주 → food, clothing and shelter
- 6. 주소성명 → name and address
- 7. 가위, 바위, 보! → Rock, Paper, Scissors!
- 8. 밤낮 → day and night
- 9. 동서남북 → north, south, east and west

언어와 문화는 연결된다

한국어는 문장 뒤쪽에 동사가 와서
'앉아, 앉아주세요, 앉아봐'처럼, 활용이 편하다.
그러나
영어는 동사가 앞쪽에 있어 활용(活用)이 힘든 구조다.
따라서 동사를 활용하는 존대어가 발달하지 않았다.

- 1. Am ☐ trembling? ⇒ 나 떨고 있니? → 있나요? → 있습니까?

- 2. Can ☐ bring anything? ⇒ 뭔가 갖고 갈까? → 가요? → 갈까요?

- 3. Isn't ☐ obvious? ⇒ 그것은 뻔하지 않냐? → 않니? → 않은가요?

- 4. ☐ are you awake? ⇒ 왜 깼어? → 왜 깼어요? → 왜 깼습니까?

- 5. Why didn't ☐ flush? ⇒ 왜 물 안 내렸어? → 내렸니? → 내렸어요?

- 6. ☐ it twelve o'clock? ⇒ 12시냐? → 12시요 → 12시 됐니?

Day, Month date, year, Weather

오늘의 수업은 정말 재미있었지요!
(lessons, today's, interesting, really) !

1. _____

선생님께서 가르쳐 주셨어요
(our, taught)
우리에게 새로운 알파벳을
(new, a, alphabet)
오늘 (today).

2. _____

그 알파벳은 'Z'예요!
(it's, 'Z')!
'Z'를 가르쳐 주시면서
(while, teach, us, 'Z'),
선생님께서는 그림도 그려 주셨어요
(the, also, a, drew, picture)
우리가 이해하는 것을 돕기위해
(to, us, understand).

3. _____

수업 중에는,
(the, during, class),
또 새로운 단어들도 배웠어요
(also, learned).

4. _____

이제 단어들을 읽고 쓸 수 있어요
(now, we, can, and, words)
'cat', 'dog', 'sun'과 같은
(like, and, sun)'.

5. _____

저는 생각해요
(think)
이런 단어들을 배우는 것이
(these, learning, words)
책을 읽을 때 훨씬더 재미있게 할 것이라고
(will, make, reading, fun, more, even)

6. _____

Topic :

오늘의 수업은 정말 재미있었지요!
Today's lessons [ ] really interesting!

1. _____

선생님께서 가르쳐 주셨어요
Our teacher taught
우리에게 새로운 알파벳을
us a new alphabet
오늘 today.

2. _____

그 알파벳은 'Z'예요!
It's 'Z'!
'Z'를 가르쳐 주시면서
While [ ] us 'Z',
선생님께서는 그림도 그려 주셨어요
the [ ] also drew a picture
우리가 이해하는 것을 돕기위해
to help us understand.

3. _____

수업 중에는,
During [ ] class,
또 새로운 단어들도 배웠어요
[ ] also learned [ ] [ ].

4. _____

이제 단어들을 읽고 쓸 수 있어요
Now [ ] can [ ] and [ ] words
'cat', 'dog', 'sun'과 같은
like 'cat, dog [ ] sun'.

5. _____

저는 생각해요
[ ] think
이런 단어들을 배우는 것이
learning these words
책을 읽을 때 훨씬더 재미있게 할 것이라고
will make reading [ ] even more fun.

6. _____

89

Day, Month date, year, Weather

나는 꿨어요 / 정말 재미있는 꿈을
(had, fun, really, dream)!
1. _____

꿈 속에서
(in, the),
나는 모험을 했어요
(went, on, adventure)
비행기를 타고
(by, take, flight)
멀리 떠나는
(to, place, distant).
2. _____

비행기 안에는
(the, inside, airplane),
친구들과 함께 있었는데 (was, my, with),
우리는 모두 즐거운 시간을 보냈어요.
(and, all, we, had, great, together).
3. _____

비행기에서 내려서
(after, off, getting, airplane),
우리는 아름다운 숲으로 향했어요.
(head, towards, forest, beautiful).
4. _____

숲 속에서는
(the, in),
모험을 즐겼어요
(we, adventures, had),
다양한 동물들을 만나며
(meeting, animals, various).
5. _____

친구들과 함께한 모험은
(adventure, with)
정말 즐거웠고 행복한 시간이었어요.
(truly, enjoyable, and, happy).
6. _____

90 · 영어일기 따라쓰기

Topic :

나는 꿨어요 / 정말 재미있는 꿈을
☐ had ☐ really fun dream!

■1. _____

꿈 속에서
In the ☐,
나는 모험을 했어요
☐ went on ☐ adventure
비행기를 타고
by taking ☐ flight
멀리 떠나는
to ☐ distant place.

■2. _____

비행기 안에는
Inside the airplane,
친구들과 함께 있었는데,
☐ was with my friends,
우리는 모두 즐거운 시간을 보냈어요.
and we all had ☐ great time together.

■3. _____

비행기에서 내려서
After getting off ☐ airplane,
우리는 아름다운 숲으로 향했어요.
☐ headed towards ☐ beautiful forest.

■4. _____

숲 속에서는
In the forest,
모험을 즐겼어요
we ☐ adventures
다양한 동물들을 만나며
meeting various animals.

■5. _____

친구들과 함께한 모험은
Adventuring with ☐ ☐
정말 즐거웠고 행복한 시간이었어요.
☐ truly enjoyable and ☐ happy ☐.

■6. _____

91

언어는 경험이다

귤을 먹는 상상을 하면 침이 생긴다.
귤이 시다는 경험을 했기 때문이다.
여기 쌍둥이가 있다.
누가 형일까? 경험 없이는 알 수 없다.
언어에서도
누구나 쓰는 표현을 나도 할 수 있는 것은
미리 경험을 했기 때문이다.

- 1. 이제 무엇을 해야 하나요?
    → ☐ do I do next?

- 2. 가장 좋아하는 ☐(이)가 뭐니?
    → What is your favorite ☐?

- 3. 무엇을 ☐고 싶었니?
    → What did you like to ☐?

- 4. ☐을 반납해야 합니까?
    → Do I have to return my ☐?

어느 순간 말이 트인다

언어력은 언어 행동의 축척이다.
따라서 반복과 시행착오(trial and error)가 필요하다.
그러다 보면 어느 순간 임계점(Critical Point)에 도달하게 된다.
그런 다음에서야 변화가 생긴다.
더 잘 이해하게 되고 속도가 붙는다.
이런 현상을 언어의 가속성이라고 한다.

▪1. 저희가 방해가 되었나요?
  → ⬜ ⬜ bother you?

▪2. 나 죽는 꼴 보고 싶으세요?
  → Do you want to see ⬜ die?

▪3. 바다는 왜 밀물과 썰물이 있나요?
  → ⬜ ⬜ the ocean have tides?

▪4. 향후 5년의 계획은 무엇입니까?
  → ⬜ ⬜ your goals in the next 5 years?

▪5. 저희가 몇 년 더 기다려야 할까요?
  → Should we wait a few ⬜ years?

Day, Month date, year, Weather

오늘은
　　Today,
신데렐라 동화를 읽었다.
　　(read, Cinderella, of, fairy, tale).

1. ──────────────────────────────

신데렐라는 착한 소녀였다.
　　(Cinderella, kind, girl).

하지만
신데렐라는 불행한 상황에 처해있었다.
　　However,
　　(she, in, unfortunate, circumstances).

2. ──────────────────────────────

신데렐라는 아름다운 공주예요.
　　(Cinderella, is, princess).

신데렐라가 되기 전에는
　　(before, become, Cinderella),

심술쟁이 언니와 잔인한 새엄마가
　　(her, spiteful, stepsisters, cruel, stepmother)

그녀를 괴롭혔어요.
　　(her, torment).

3. ──────────────────────────────

하지만 어느 날,
　　(but, one, day),

마법사 할머니의 도움을 받아
　　(with, of, help, fairy, godmother),

공주가 되었어요.
　　(she, became, princess).

4. ──────────────────────────────

어떤 어려움이 있더라도,
　　(Regardless of, difficulties, the),

그녀는 자신을 믿고 노력했어요
　　(she, believed, in, and, worked, hard)

꿈을 이루기 위해
　　(achieve, her, dreams).

5. ──────────────────────────────

Topic :

오늘은
Today,
신데렐라 동화를 읽었다.
□ read the fairy tale of Cinderella.

- 1. ___

신데렐라는 착한 소녀였다.
Cinderella □ a kind girl.

하지만 신데렐라는 불행한 상황에 처해있었다.
However,
she □ in unfortunate circumstances.

- 2. ___

신데렐라는 아름다운 공주예요.
Cinderella is □ □ princess.

공주가 되기 전에는
Before she became a princess,

심술쟁이 언니와 잔인한 새엄마가
her spiteful stepsisters □ cruel stepmother

그녀를 괴롭혔어요.
tormented her.

- 3. ___

하지만 어느 날,
But one day,

마법사 할머니의 도움을 받아
with □ help of □ fairy godmother,

공주가 되었어요.
she became □ princess.

- 4. ___

어떤 어려움이 있더라도,
Regardless of the difficulties,

그녀는 자신을 믿고 노력했어요
she believed in □ and worked hard

꿈을 이루기 위해
□ achieve her dreams.

- 5. ___

Day, Month date, year, Weather

1. 오늘은 정말 즐거운 하루였어요!
(today, really, enjoyable)!

2. 축구를 했어요
(play, soccer)
친구들과 함께
(with)
운동장에서
(the, at, playground).

3. 우리는 팀을 나눠서
(divided, into, teams)
서로 경기를 했어요,
(and, play, against, each, other),
그러나 함께 뛰면서 즐거움을 나누는 게
(but, sharing, joy, while, run, together)
더 중요했어요
(was, important, more)
승패보다는
(than, or, winning, losing).

4. 그리고 모두 함께 공원으로 가서
(and, then),
(we, all, went, the, park, to)
함께 시간을 보냈어요
(and, spent, together).

5. 공원에서는 나무 아래에서
(in, park, under, trees),
그림을 그리기도 하고,
(also, drew, pictures)
같이 노래를 부르기도 했어요.
(and, together, sang, songs).

Topic :

오늘은 정말 즐거운 하루였어요!
Today ▢ ▢ really enjoyable ▢ !

1. _____

축구를 했어요
▢ played soccer
친구들과 함께
with ▢ ▢
운동장에서
at the playground.

2. _____

우리는 팀을 나눠서
▢ divided into teams
서로 경기를 했어요,
and played against each other,

그러나 함께 뛰면서 즐거움을 나누는 게
but sharing joy while running together
더 중요했어요
was more important
승패보다는
than winning or losing.

3. _____

그리고 모두 함께 공원으로 가서
And then,
we all went to the park
함께 시간을 보냈어요
and spent ▢ together.

4. _____

공원에서는 나무 아래에서
In ▢ park, under ▢ trees,
그림을 그리기도 하고,
▢ also drew pictures
같이 노래를 부르기도 했어요.
and sang songs together.

5. _____

직/청/직/해

자신의 모국어는 누구나 바로 듣고 바로 이해한다.
외국어도 이해하는 방식은 다르지 않다.
단지 외국어는 모국어 이상의 훈련이 필요할 뿐이다.
하루 아침에 되는 것이 아니다.

1. What's **the first thing**
   뭐가 처음 일이냐?

   I should do
   내가 할 일이

   ☐ **going biking?**
   자전거 타기 전에

2. When ☐ the last time
   언제가 마지막이었지?

   you slept
   잠을 잤던게

   in a long time?
   늦게까지

3. Now, you'll be glad
   이젠, 기쁠 것입니다. /

   to   that you gain weight slowly,
   천천히 몸무게가 는다는 것을 알게되어

   even if you eat high-calorie meals.
   비록 높은 칼로리 식품을 먹을지라도

4. There is also an experiment
   또한 실험도 있어요 /

   stating that fast eaters gained
   빨리 먹는 사람들은 늘었다는 것을 나타내는

   about four pounds / in a month,
   약 4파운드가 / 한 달에

   only   they were eating too fast.
   단지 그들이 너무 빨리 먹었다는 이유만으로

Day, Month date, year, Weather

오늘은,
우리집 반려동물 강아지, 쌍문이를 소개하겠습니다.
Today,
(I'd, like, introduce, our, family, pet, dog).

1. _____

그렇게 부른 겁니다.
(named, him, that)

우리가 쌍문동에 살아서
(because, we, in, Ssangmun-dong).

2. _____

쌍문이는 정말 소중한 존재예요
(Ssangmuni, very, cherished, member)
우리 가족에게
(of, our).

3. _____

아침마다
(Every),
쌍문이가 꼬리를 흔들며 기분 좋게 우리를 반겨줘요.
(greets, with, wagging, tail, cheerful, attitude).

4. _____

쌍문이와 함께 있으면 언제나 즐거움을 가져와요
(Being, with, always, brings, joy)
우리의 일상 생활에
(to, daily, lives).

5. _____

Topic :

오늘은,
우리집 반려동물 강아지, 쌍문이를 소개하겠습니다.
Today,
I'd like ☐ introduce our family pet dog, Ssangmuni.

■1. _____

그렇게 부른 겁니다.
We named him that

우리가 쌍문동에 살아서
because ☐ live in Ssangmun-dong.

■2. _____

쌍문이는 정말 소중한 존재예요
Ssangmuni ☐ very cherished member

우리 가족에게
of our ☐ .

■3. _____

아침마다
Every ☐ ,

쌍문이가 꼬리를 흔들며 기분 좋게 우리를 반겨줘요.
he greets with a wagging tail and a cheerful attitude.

■4. _____

쌍문이와 함께 있으면 언제나 즐거움을 가져와요
Being with Ssangmuni always brings joy

우리의 일상 생활에
to ☐ daily lives.

■5. _____

Day, Month date, year, Weather

오늘은 가득 찬 하루였어요 (Today, day, filled)
친구들과 소통으로 (with, communication, buddies).

1. _____

나와 친구들은 재미있는 일들을 공유했고, (I, friends, share, interesting, things)
최근에 있었던 (that, happen, recently)
함께 웃음 지었어요 (and, laugh, together).

2. _____

저녁 시간에는 (during, time, dinner),
어떻게 하루를 보냈는지 이야기를 나누었어요 가족과 함께 (I, talked, about, day, went, with, how, my).

3. _____

우리 가족 모두가 관심있게 들었다 (We, all, attentive)
서로의 이야기에 (to, other's, stories),
그 덕분에 마음이 편안했어요. (which, made, feel, comfortable).

4. _____

다시 한번 느낄 수 있었어요. (It, reminded, me, again, once)
얼마나 중요한지 (how, important, is, it)
서로의 이야기를 듣고 공유하는 것이 (listen, to, and, share, each other's).

5. _____

Topic :

오늘은 가득 찬 하루였어요
Today ☐ a day filled
친구들과 소통으로
with communication ☐ buddies.

1. _____

나와 친구들은 재미있는 일들을 공유했고,
My friends ☐ I shared interesting things
최근에 있었던,
that happened recently
함께 웃음 지었어요
and laughed together.

2. _____

저녁 시간에는
During dinner time,
어떻게 하루를 보냈는지 이야기를 나누었어요
가족과 함께
I talked about ☐ our day went with my family.

3. _____

우리 가족 모두가 관심있게 들었다
We all was attentive
서로의 이야기에
to each other's stories,
그 덕분에 마음이 편안했어요.
which made ☐ feel comfortable.

4. _____

다시 한번 느낄 수 있었어요.
It reminded me once again
얼마나 중요한지
how important it is
서로의 이야기를 듣고 공유하는 것이
☐ listen to and share each other's stories.

5. _____

직/독/직/해

자신의 모국어는 누구나 바로 읽고 바로 이해한다.
외국어도 이해하는 방식은 다르지 않다.
단지 외국어는 모국어 이상의 훈련이 필요할 뿐이다.
하루 아침에 되는 것이 아니다.

1. Falling
    in love
        is like being wrapped
            in a magical cloud.

2. What I'm doing right now is
    I'm taking small bites
        because then the digestion is shorter.

3. A recent study shows that kids

        who watch a lot of TV

    are more likely to be overweight

        than those

            who do not.

4. Visiting a farm

    where your child can pat a cow

    is far more educational

        than looking at a book

            about a farm.

Day, Month date, year,　Weather

오늘은 하루였어요
(today, a day)

성취와 어려움이 함께 뒤섞인
(mixed, difficulties, achievements, with).

1. _____

선생님께서 제 소풍 계획을 칭찬해 주셨는데,
(My, praised, field, trip, plan),

그것이 제게 큰 자신감을 주었어요.
(which, a, great, sense, of, confidence).

2. _____

하지만 수학은 공부해도
(However, even, though, studied),

여전히 어려웠어요.
(it, still, difficult).

3. _____

집중이 잘 되지 않았어요.
(had, trouble, concentrating)

공부시간에는
(during, study).

4. _____

그러나, 선생님의 도움으로
(with, the, help, of, my, though),

해결할 수 있었어요.
(I, able, overcome, it).

5. _____

내일은 더 잘할 수 있을 거라고 믿어요.
(I, believe, better, tomorrow).

6. _____

Topic :

오늘은 하루였어요
Today [ ] a day

성취와 어려움이 함께 뒤섞인
mixed with achievements [ ] difficulties.

1. _____

선생님께서 제 소풍 계획을 칭찬해 주셨는데,
My teacher praised my field trip plan,

그것이 제게 큰 자신감을 주었어요.
which [ ] [ ] a great sense of confidence.

2. _____

하지만 수학은 공부해도
However, even though [ ] studied [ ],

여전히 어려웠어요.
it [ ] still difficult.

3. _____

집중이 잘 되지 않았어요.
I [ ] trouble concentrating

공부시간에는
during study [ ].

4. _____

그러나, 선생님의 도움으로
With the help of my [ ], though,

해결할 수 있었어요.
I [ ] able to overcome it.

5. _____

내일은 더 잘할 수 있을 거라고 믿어요.
I believe [ ] [ ] better tomorrow.

6. _____

Day, Month date, year, Weather

오늘은 정말 흥미로운 역사 수업을 했어요
Today, (had, really, interesting)
교실에서
(in, classroom).

1. _____

우리는 배웠어요
(we, learn)
고대 문명에 대해
(ancient, about, civilizations)
그리고 유명한 역사 인물들을
(and, historical, famous, figures).

2. _____

선생님은 역사를 쉽게 이해할 수 있게 해주셨어요
(teacher, made, easy, understand)
생생한 이야기와 그림을 보여주면서
(by, show, vivid, stories, pictures).

3. _____

가장 즐거운 부분은
(most, enjoyable, part)
역사 이야기를 듣고
(listening, to, the, stories)
퀴즈를 푸는 것이었어요.
(and, quizzes, solving).

4. _____

우리는 즐거운 시간을 보냈어요
(had, fun)
서로의 지식을 겨루면서
(competing, with, each **other's**, know).

5. _____

칭찬도 받을 수 있었어요
(We, receive, praise, could, also)
정답을 맞추면
(for, correctly, answering).

6. _____

Topic :

오늘은 정말 흥미로운 역사 수업을 했어요
Today, ☐ had ☐ really interesting history class
　　　　　교실에서
　　　　　in ☐ classroom.

- 1. _____

　　　　　우리는 배웠어요
　　　　　We learned
　　　고대 문명에 대해
　　　　　about ancient ☐☐☐☐☐
　　그리고 유명한 역사 인물들을
　　　　　and famous historical figures.

- 2. _____

　　선생님은 역사를 쉽게 이해할 수 있게 해주셨어요
　　The teacher made ☐☐☐ easy ☐ understand
　　　생생한 이야기와 그림을 보여주면서
　　　　　by showing vivid stories ☐☐☐ pictures.

- 3. _____

　　　　가장 즐거운 부분은
　　　　☐☐☐ most enjoyable part ☐☐☐
　　　역사 이야기를 듣고
　　　　　listening to the stories
　　퀴즈를 푸는 것이었어요.
　　　　　and solving quizzes.

- 4. _____

　　　우리는 즐거운 시간을 보냈어요
　　　　　We had fun
　　서로의 지식을 겨루면서
　　　　competing with each **other's** knowledge.

- 5. _____

　　　　칭찬도 받을 수 있었어요
　　　　　　We could also receive praise
　　　정답을 맞추면
　　　　　for answering correctly.

- 6. _____

⟨문장 늘려 말하기⟩
연결어가 필요하다.

⟨듣는 순서대로, 보는 순서대로⟩ 내용을 연결하자.

☐ **1.** One of the most important things you should do to improve your English (is, are) to discover your own reasons for learning the language.

[의미파악] _____

_____

_____

```
One          (is, are) to discover your own reasons
   ↓
   of the most important things      for learning the language.
                         you should do
                                   to improve your English
```

[듣고/암기] _____

_____

_____

〈문장 계속 읽어가기〉
듣기에 필요하다.

〈듣는 순서대로, 보는 순서대로〉 내용을 연결하자.

☐ 2. People who are interested in different languages and cultures usually learn them better than those who aren't.

[의미파악]

```
         ↓
People      usually  learn  them
    ↑who are interested      ↑better than those
                 ↑in different languages and cultures ↑who aren't.
```

[듣고/암기]

〈발췌 : 이것이 영어다〉

Day, Month date, year, Weather

오늘은
Today,
선생님이 설명해 주셨어요 / 왜 2024년인지
(teacher, explain, why, it's, 2024).

1. _____

우리는 그레고리력을 사용하고 있어요.
(using, the, Gregorian, calendar).

2. _____

그레고리력은
(Gregorian, the, calendar, is)
가장 널리 사용되는 달력입니다 / 전 세계적으로
(most, widely, used, calendar, worldwide).

3. _____

그레고리력은
(Gregorian, calendar)
365일로 이루어져 있으며,
(consists, of, 365 days),
4년마다 하루를 추가하여
(with, additional, day, added, every, years)
총 366일이 되도록 합니다
(to, make, total, of, 366 days).

4. _____

이것은 예수 그리스도의 탄생을 기준으로 하고 있어요.
(It, based, on, birth, of, Jesus Christ).

5. _____

그러므로 예수가 살아 있다면
Therefore,
(was, if, today, alive),
예수의 현재 나이는 몇 살일까요?
(how, would, old, he, be)?

6. _____

112 · 영어일기 따라쓰기

Topic :

1.
오늘은 / 선생님이 설명해 주셨어요 / 왜 2024년인지
Today, ☐ teacher explained why it's 2024.

2.
우리는 그레고리력을 사용하고 있어요.
We ☐ using the Gregorian calendar.
그레고리력은 / 가장 널리 사용되는 달력입니다 / 전 세계적으로
☐ Gregorian calendar is the most widely used calendar worldwide.

3.
그레고리력은 / 365일로 이루어져 있으며,
☐ Gregorian calendar consists of 365 days,
4년마다 하루를 추가하여
with ☐ additional day added every 4 years
총 366일이 되도록 합니다
to make a total of 366 days.

4.
이것은 예수 그리스도의 탄생을 기준으로 하고 있어요.
It ☐ based on ☐ birth of Jesus Christ.

5.
그러므로 예수가 살아 있다면
Therefore, ☐ Jesus was alive today,
예수의 현재 나이는 몇 살일까요?
how old would he be?

Day, Month date, year,　Weather

1.
오늘 수업에서는
(today, in),
우리들은 배웠어요 / 우주의 탄생에 대해
(learned, about, birth, of, universe).

2.
우리 선생님이 흥미로운 이야기를 해 주셨어요.
(teacher, told, fascinating, stories)
우주가 어떻게 탄생했는지에 대한
(about, universe, came, into, existence).

3.
우주는 한 점에서 시작되었어요.
(The, universe, start, from, single, point).
오래 전,
(long, ago),
거대한 폭발에서 태어났어요
(it, born, from, massive, explosion)
빅뱅이라는
(call, the, Big Bang).

4.
그 이후로
(since, then),
많은 별과 행성들이 형성되었고,
(stars, planets, have, form),
우리 은하계인 은하수도 포함됐어요
(including, own, galaxy, Milky Way).

5.
빅뱅 이후,
(after, Big Bang),
천문학적 시간이 흘러서
(as, astronomical, passed),
별들과 은하들이 모여서
(and, gathered, together)
오늘 우리가 아는 거대한 우주를 형성했어요.
(form, vast, we, see).

Topic :

오늘 수업에서는
Today in class,
우주의 탄생에 대해 배웠어요
we learned about ☐ birth of ☐ universe.

1. ___

선생님은 흥미로운 이야기를 해 주셨어요.
The teacher shared with us a fascinating story
우주가 어떻게 탄생했는지에 대한
about how the universe came into ☐.

2. ___

우주는 한 점에서 시작되었어요.
The universe started from ☐ single point.
아주 오래전에,
A very long time ago,
대폭발로 탄생했다고 해요
it ☐ been created ☐ a massive explosion
빅뱅이라는
known as the Big Bang.

3. ___

그때부터
Since then,
많은 별과 행성들이 형성되었고,
many stars and planets formed,
우리 은하계인 은하수도 그중에 하나라고 해요
including our own galaxy, ☐ Milky Way.

4. ___

빅뱅 이후에는,
After ☐ Big Bang,
천문학적인 시간이 흘러가면서
as astronomical time passed,
별들과 은하들이 모여
stars ☐ galaxies gathered together
오늘 우리가 아는 거대한 우주를 형성했어요.
☐ form ☐ vast ☐ we see today.

5. ___

주어와 동사의 수 일치

'두 송이 꽃' / '두 송이 꽃들'
한국어는 주로 어떤 관계나 상황에 의존하여
이미 알기에 굳이 단수냐 복수냐 따지지 않는다.
그러나 영어는 다르다.
주어가 단수이면 〈단수동사〉를 쓰고,
주어가 복수이면 〈복수동사〉를 쓴다.

A1 문장의 주어를 and로 연결하면 복수 주어가 되어 복수동사를 사용한다.

□1 Both you and I (were, was)
　　　　　　　　　late for class.

A2 주어가 두 개 이상이라도 한 단위로 취급되는 것은 단수동사를 쓴다.
그러나 관사가 하나이면 단수로 취급한다. 서로 불가분의 관계라서 그렇다.

□3 A needle and thread (was, were)
　　　　　　　　　found on the table.

A3 주어를 수식하는 것은 주어의 수에 영향을 주지 않는다.

1. The surface of the planet Mars (seems, seem)
　　　　　　　　　to show that water flowed.

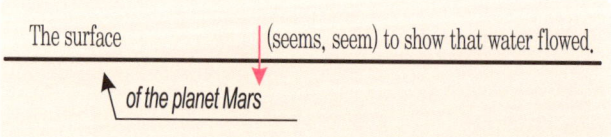

명사에 붙는 a/ an / the의 쓰임

도구냐? 아니냐?
이것이 부정관사 a/an의 쓰임을 결정한다.

A1 야구는? baseball

야구공은? baseball ball
아니라오!
<small>야구공은 야구를 할 때 사용하는 도구이다.
도구는 여럿 중에서 하나이다.
따라서 도구는 a를 써서 도구라는 것을 알려준다.</small>
I kicked a baseball.
내가 찬것은 뭘 찼을까?

특정한 것이냐? 아니냐?
이것이 정관사 the의 쓰임을 결정한다.

A2 달은 **moon**이다.
그럼 지구에서 보이는 달은?
a moon
아니라오.
지구에서 보는 달은 특정한 것이다.
특정한 것은 범위가 있다.
범위가 있는 명사에는 the를 붙인다.
따라서 the moon이다.

Day, Month date, year, Weather

1.
오늘 수업에서는
(today, in),
진화에 대해 배웠어요.
(we, learn, about, evolution).

2.
진화는 의미해요
(evolution, mean)
동물과 식물이 점차적으로 변화시키는 것을
(that, animals, plants, gradually, change)
모습이나 특성을 / 시간이 흐름에 따라
(their, appearance, characteristics, over).

3.
예를 들어,
(for, example),
오래 전에 지구에는 공룡이 있었지만
(long ago, there, dinosaurs, on, Earth),
나중에는
(but, on, later)
우리가 오늘날 알고 있는 다양한 동물들이 나타났어요.
(different, animals, that, we, see, today, appeared).

4.
이런 변화를 진화라고 해요.
(This, change, called, evolution).

5.
선생님은 또한 언급했어요
(The, also, mentioned)
찰스 다윈이 제시했다고
(that, Charles Darwin, present)
진화관련 혁명적인 이론을
(the, revolutionary, theory, on, evolution)
'종의 기원에 대하여'라는 책을 통해
(through, his, "On the Origin of Species),"
1859년 발간된
(published, 1859).

Topic :

오늘 수업에서는
Today in ☐,
진화에 대해 배웠어요.
we learned about evolution.

1. _____

진화는 의미해요
Evolution means
동물과 식물이 점차적으로 변화시키는 것을
that animals ☐ plants gradually change
모습이나 특성을 / 시간이 흐름에 따라
their appearance ☐ characteristics over ☐.

2. _____

예를 들어,
For example,
오래 전에 지구에는 공룡이 있었지만
long ago, there ☐ dinosaurs on ☐,
나중에는
but later on,
우리가 오늘날 알고 있는 다양한 동물들이 나타났어요.
different animals that we ☐ today appeared.

3. _____

이런 변화를 진화라고 해요.
This change ☐ called ☐.

4. _____

선생님은 또한 언급했어요
The ☐ also mentioned
찰스 다윈이 제시했다고
that Charles Darwin presented
진화관련 혁명적인 이론을
☐ revolutionary theory on evolution
'종의 기원에 대하여'라는 책을 통해
through his book "On the Origin of Species,"
1859년 발간된
published ☐ 1859.

5. _____

119

Day, Month date, year, Weather

1. 우리는 배웠어요 / 수업에서 (learned, in) 창조론과 진화론에 대해 (about, creationism, evolutionism).

2. 창조론은 모든 생명체가 창조되었다는 것이다. (Creationism, that, all, living, beings, created) 신성한 창조주에 의해 (by, divine, creator).

3. 진화론은 생물들이 진화해왔다는 것이다. (Evolutionism, that, organisms, have, evolve) 경쟁과 적응을 통해 (through, competition, adaptation).

4. 그러나 나는 이런 생각을 했어요. (However, had, this, thought). 태초에 (in, beginning), 하나님께서 하늘과 땅을 창조하셨습니다. (God, created, heavens, earth).

5. 태초에는 창조를 나타냅니다. ("in, beginning," signifies, creation).

6. 창조 이후, (creation, after), 진화는 경쟁하고 변화하며 적응한다는 것이다. (evolution, is, about, compete, change, adapt, and) 그 우주 안에서 (that, universe, within).

Topic :

1.
우리는 배웠어요 / 수업에서
창조론과 진화론에 대해
We learned in ▢
about creationism ▢ evolutionism.

2.
창조론은 모든 생명체가 창조되었다는 것이다.
Creationism is that all living beings ▢ created
신성한 창조주에 의해
by ▢ divine creator.

3.
진화론은 생물들이 진화해왔다는 것이다.
Evolutionism is that organisms have evolved
경쟁과 적응을 통해
through competition ▢ adaptation.

4.
그러나 나는 이런 생각을 했어요.
However, I had this thought.
태초에
In ▢ beginning,
하나님께서 하늘과 땅을 창조하셨습니다.
God created ▢ heavens ▢ ▢ earth.

5.
태초에는 창조를 나타냅니다.
"In ▢ beginning" signifies creation.

6.
창조 이후,
After creation,
진화는 경쟁하고 변화하며 적응한다는 것이다.
evolution is about competing, changing ▢ adapting
그 우주 안에서
within that universe.

언어는 살아있다

언어는 살아있는 사람이 사용한다.
그런 이유로 언어도 살아있어 유연하다.
그때는 그렇게 쓰다 지금은 이렇게 쓰일 수 있는 것이 언어이다.
따라서 언어 학습에는 유연한 사고가 필요하다.

1. Do you know
   알아?
   / that I was the only one
   / 내가 유일한 사람이라는 것을
   / who believed in ☐ ?
   / 너를 믿어줬던

2. I keep
   나는 계속
   / forgetting / that I'm the only person
   / 잊고 있어   / 내가 유일한 사람이라는 것을
   / that lives ☐ .
   / 여기에 살고있는

3. Dude, you help / ☐ to prioritize and rationalize
   친구야, 너는 도와주지 / 내가 / 우선 순위를 정하고 이성적이 되게

   when I'm feeling overwhelmed.
   /내가 어쩔 줄 모르고 있을 때,

it이 문장에서 뜻이 없을 때는 *가주어로 쓰일 때이다.*

가주어 it

A1 영어는 〈주어+서술동사〉 계열 언어이다.

주어가 길어지면 서술동사의 결론이 흐려질 수 있다.

그래서 긴주어 대신 가주어 It을 쓴다.

결론을 빠르고 명확하게 전달하려는 것이다.

〈부정사/ 동명사/ 명사절〉 등을 it으로 받는 것은
단수로 취급하기 때문이다.

다음 문장을 가주어 it으로 다시 표현하자.

To believe everything he said is hard.

→ _____

가목적어 it은 왜 사용할까?

A2 영어 〈동사〉는 긴 주어를 싫어한다.

영어 〈보어〉도 긴 목적어를 싫어한다.

그래서 가목적어 it을 두고,

보어 뒤에 진짜 목적어를 써 준다.

다음 문장에서 진목적어를 확인해 보자.

She found difficult
        to make both ends meet
              at the end of the month.

Day, Month date, year, Weather

1. 나는 정상에 올랐어요
(climbed, to, summit)
하와이의 다이아몬드 헤드
(of, Diamond Head, in).

2. 일찍 일어나 / 아침에
(woke, up, early, in, morning)
다이아몬드 헤드 산책로를 향했어요
(and, head, to, Diamond Head, hiking trail).

3. 산길은 가파르고 울퉁불퉁했지만,
(trail, steep, and, rugged),
친구들과 함께
(but, with, my),
힘을 합쳐 꼭대기까지 올라갔어요.
(we, gather, our, strength, climb, all, way, up).

4. 그 길을 가다,
(the, way, along),
우리는 짧은 휴식을 취했어요
(took, small, breaks)
주변 경치를 즐기기 위해
(enjoy, surrounding, scenery).

5. 파란 바다와 아름다운 하와이 풍경이
(blue, ocean, beautiful, landscape, of, Hawaii)
펼쳐졌어요 / 우리 앞에
(stretch, out, before).

6. 이 경험은 남아 있어요
(experience, remain)
소중한 추억으로 / 나에게
(as, cherished, memory, for).

Topic :

1. 나는 정상에 올랐어요
   I [　　] to the summit
   하와이의 다이아몬드 헤드
   of Diamond Head [　] Hawaii.

2. 일찍 일어나 / 아침에
   I woke up [　　] in the morning
   다이아몬드 헤드 산책로를 향했어요
   and headed [　] the Diamond Head hiking trail.

3. 산길은 가파르고 울퉁불퉁했지만,
   The trail was [　　] and rugged,
   친구들과 함께
   but with my friends,
   힘을 합쳐 꼭대기까지 올라갔어요.
   we gathered our [　　　] and climbed all the way up.

4. 그 길을 가다,
   Along the way,
   우리는 짧은 휴식을 취했어요
   we took [　　] breaks
   주변 경치를 즐기기 위해
   to [　　] the surrounding scenery.

5. 파란 바다와 아름다운 하와이 풍경이
   The blue ocean and the beautiful landscape of Hawaii
   펼쳐졌어요/ 우리 앞에
   [　　　　] out before us.

6. 이 경험은 남아 있어요
   The [　　　　] remains
   소중한 추억으로 /나에게
   [　　] a cherished memory for me.

125

언어는 경험이다.

들어라
Listen
and you will speak.

따라하라
Repeat
and you will master English.

기억하라
Remember
and the world will be opened to you.

영어일기 따라잡기

Day, Month date, year,   Weather

따라잡기

오늘은 신기한 일이 일어났어요!
(something, fascinating, happen)
내 몸 안에서 / 음식을 먹은 후
(inside, my body, food, after, ate)!

1. _____

먼저, 음식을 입으로 넣고 씹어서
(First, the , put, in, my, mouth, chewed, it)
작은 조각으로 만들었어요.
(into, pieces).

2. _____

그리고 나서 그 음식이 내 몸 속으로 내려가서
(Then, the, traveled, down, into)
위라는 곳에 도착했어요.
(and, arrived, at, place, call, stomach).

3. _____

위에서는
(in, stomach),
음식이 소화되지요.
(the, food, digested).

4. _____

(that, After)
그리고 나서 창자(소장과 대장)를 지나면서
(it, pass, through, intestines),
음식의 영양분이 흡수되요.
(where, nutrients, from, food, absorbed).

5. _____

마지막으로 똥으로 변해 나오게 되지요!
(Finally, it, come, out, as, poop)!

6. _____

Topic :

Today, something [____] happened [____] my body after I ate food!

1. _____

First, I put the food in my mouth and [____] it into small [____].

2. _____

Then, the food [____] down into my body and [____] at a place called the stomach.

3. _____

In the stomach, the food is [____].

4. _____

After that, it passes [____] the intestines, where the nutrients from the food are absorbed.

5. _____

Finally, it comes [____] as poop!

6. _____

Day, Month date, year, Weather

목표가 없다면
"(if, there, were, goals),
성취는 없을 것이다.
(there, would, be, achievements).

1. ___

오늘, 새로운 공부 방법을 배웠는데,
Today,
(learned, new, study, method),
이것이 저에게 상당한 변화를 가져왔어요.
(and, it, brought, about, significant, changes, for).

2. ___

새로운 공부 방법을 배운 후에,
(after, learn, the, new, method),
더 효율적으로 공부할 수 있게 되었어요.
(became, able, study, more, efficiently).

3. ___

집중력도 이전보다 늘었고,
(My, concentration, has, increase, compared, to, before),
새로운 것을 이해하는 것이 더 쉬워졌어요.
(and, it, has, become, easier, for, me, things).

4. ___

이제는 단순히 공부하는 것이 아니라,
(Now, instead, of, simply, study),
내 생각을 조직하고 창의적으로 생각할 수 있어요.
(can, organize, thoughts, think, creatively).

5. ___

결국 내가 깨달은 것은
(Ultimately, what, I've realized)
나에게 더 좋은 학습 방법이 있다는 것이다.
(that, there, better, learning, methods).

6. ___

Topic :

"If there were no ☐,
there would be no ☐."

- 1. _____

Today,
I ☐ a new study method,
and it ☐ about significant changes for me.

- 2. _____

After learning the new study ☐,
I became able to study more ☐.

- 3. _____

My concentration has increased
☐ to before,
and it has become easier
for me to understand new ☐.

- 4. _____

Now,
instead of simply studying,
I can ☐ my thoughts and think creatively.

- 5. _____

Ultimately, ☐ I've realized is
that there are better learning methods for me.

- 6. _____

Day, Month date, year, Weather

1. 오늘은 방문했어요 역사 박물관을 /친구와 함께
Today, (visited, a, museum, with, my).

2. 박물관 안에서는
(inside, museum),
과거가 살아 숨 쉬는 듯한 느낌이 들었어요.
(it, felt, like, past, was, alive, breathing).

3. 함께 다양한 전시물을 살펴보며
(we, explored, exhibits, various, together)
역사에 대해 많은 것을 배웠어요.
(and, learned, a lot, about).

4. 함께 고대 유물을 바라보면서,
(as, we, looked, at, ancient, artifacts),
마치 과거로 여행하는 듯한 느낌이 들었어요.
(it, felt, like, traveling, back, in, time).

5. 우리는 역사를 느낄 수 있었어요.
(could, feel, history)
사용한 도구와 의류를 보며
(by, see, tools, clothing, used)
고대 시대 사람들이 직접
(by, people, in, ancient, firsthand).

6. 게다가, 설명을 들으며
(additionally, listening, explanations)
역사적 사건에 대한
(about, history, events)
더 많은 지식을 얻을 수 있었어요.
(allowed, us, gain, knowledge).

Topic :

Today, I _____ a history museum with my friend.

■1. _____

Inside the museum, it felt like the past was alive and _____.

■2. _____

We explored various exhibits _____ and _____ a lot about history.

■3. _____

As we _____ at ancient artifacts together, it felt like we were _____ back in time.

■4. _____

We could feel the _____ by seeing tools and clothing used by people in _____ times firsthand.

■5. _____

Additionally, _____ to explanations about historical events allowed us to gain more _____.

■6. _____

Day, Month date, year, Weather

오늘은 좋지 않은 일이 있었다.
Today,
(faced, some, difficulty).

1. _____

나는 갈등이 있었다
(I, have, disagreement)
친구와/ 학교에서
(with, friend, at),
마음이 상하고 괴로웠던
(which, left, feeling, upset, troubled).

2. _____

처음에는 At first,
고민이 커서
(problem, seemed, too, overwhelming)
혼자 해결하기 어려웠다.
(to, handle, on, own).

3. _____

하지만
나는 용기를 내어 However,
(gathered, courage)
친구와 이야기를 나누었다
(to, talk, to, my, about, it).

4. _____

우리는 원인을 찾았다
(discussed, the, root)
친구와 함께 문제의
(of, problem, together)
그리고 이해하기 시작했다 /서로의 생각을
(and, began, understand, each other's perspectives).

5. _____

134 · 영어일기 따라잡기

Topic :

Today,
I [   ] some difficulties.

■1. _____

I had a disagreement
with a [   ] at school,
which left me feeling [   ] and troubled.

■2. _____

At first,
the [   ] seemed too overwhelming
to [   ] on my own.

■3. _____

However, I [   ] the courage
to [   ] to my friend
about it.

■4. _____

We [   ] the root
of the problem together
and began to [   ] each other's perspectives.

■5. _____

Day, Month date, year,　Weather

오늘은 정말 행복했어요.
(Today, I, really, happy).
오랫만에 눈이 내렸거든요.
(It, a, long, time, since, snowed).

1. _____

아침에 일어났는데,
(when, woke, up, this, morning),
흰 눈이 내리고 있었어요.
(I, saw, white, falling).

2. _____

놀라워서 "눈이 내리네!" 하며 소리쳤어요.
(surprised, and, shouted, "It's snowing!")
그런 다음 빨리 밖으로 나가서 눈을 느껴보았어요.
(Then, quickly, went, outside, feel, snow).

3. _____

눈송이가 내 얼굴에 닿을 때마다
(Every, time, snowflake, touched, face),
정말 놀라고 행복했어요.
(felt, so, amazed, happy).

4. _____

작은 눈덩이를 쌓아
(piled, up, small, snowballs)
둥근 몸을 만들고,
(make, a, round, body)
큰 눈덩이로 눈을 만들어
(and, snowballs, for, eyes)
눈사람을 완성했어요.
(complete, a, snowman).

5. _____

우리가 만든 눈사람은
(the, snowman, made)
정말 귀엽고 재미있는 얼굴을 가졌어요.
(had, really, cute, funny, face).

6. _____

Topic :

Today, I was really happy.

It was a long time ▭ it snowed.

1. _____

When I ▭ up this morning,

I saw white snow ▭ .

2. _____

I was ▭ and shouted, "It's snowing!"

Then I quickly ▭ outside to feel the snow.

3. _____

Every time a ▭ touched my face,

I felt so amazed and happy.

4. _____

I ▭ up small snowballs

to make a round body

and big snowballs for the eyes

to ▭ a snowman.

5. _____

The snowman we made had a really ▭

and ▭ face.

6. _____

Day, Month date, year, Weather

오늘은 적어볼 거예요.
(Today, going, to, write)
학교에서 겪은 일을 다이어리에
(about, school, day, in, a, diary).

1. _____

아침에 (in, morning),
일어나서 아침을 먹고 씻고 준비하고
(woke, up, ate, washed, up, got, ready),
학교에 갔어요.
(and, school).

2. _____

학교에 도착하면서
(upon, arrive, school),
친구들과 인사를 나누고 교실로 갔어요.
(greet, friends, went, the, classroom).

3. _____

첫 번째 수업은 수학이어서,
(as, first, class, math),
덧셈과 뺄셈을 배웠어요.
(we, learn, addition, subtraction).

4. _____

하루를 마무리하기 전에
(before, the, day, end),
음악 수업이 있었어요.
(there, music, class).

5. _____

친구들과 함께 노래를 부르면서   편안한 기분이 들었어요.
(sing, with, friends, made, feel, relaxed).

6. _____

Topic :

Today,
I'm going to [ ] about my school day in a diary.

- 1. _____

In the morning,

I woke up, ate breakfast, [ ] up, got ready,

and [ ] to school.

- 2. _____

Upon [ ] at school,

I [ ] my friends and went to the classroom.

- 3. _____

[ ] the first class was math,

we [ ] addition and subtraction.

- 4. _____

Before the day [ ],

there was music [ ].

- 5. _____

[ ] with my friends made me feel relaxed.

- 6. _____

Day, Month date, year, Weather

오늘은 주말이라서 (Today, since, it's, weekend),
즐거운 나들이를 다녀왔어요. (went, on, delightful, outing)
가족들과 (with, family).

1. _____

차 안에서의 여정은 가득 찼어요 (journey, by, car, filled)
설렘과 기대로 (with, excitement, anticipation).

2. _____

도착하자마자 (upon, arrive),
공원을 산책했어요. (we, went, for, stroll, in, park).

3. _____

점심 시간에는 (during, lunchtime),
나무 아래 앉아 (we, sat, under, trees),
간식을 즐기고 대화를 나눴어요. (enjoy, snacks, having, conversations).

4. _____

오후에는 (in, afternoon),
다양한 활동을 즐겼어요. (indulged, in, various, activities)
공원에서 (within, park).

5. _____

가족들끼리 배드민턴을 쳤고, (played, badminton, as, family),
꽃을 감상하며 산책하고, (wandered, around, admiring, flowers),
사진을 찍었어요. (and, take, photos, some).

6. _____

140 · 영어일기 따라잡기

Topic :

Today, since it's the ▢,
I went on a ▢ outing
with my family.

■1. _____

The ▢ by car was filled
with excitement ▢ anticipation.

■2. _____

Upon ▢,
we went for a stroll in the park.

■3. _____

During lunchtime,
we ▢ under the trees,
enjoying snacks and ▢ conversations.

■4. _____

In the afternoon,
we indulged in various activities
▢ the park.

■5. _____

We ▢ badminton as a family,
wandered around admiring the flowers,
and ▢ some photos.

■6. _____

1. 오늘 수업에서는 (Today, in) 공룡 시대에 대해 배웠어요. (we, learned, about, age, dinosaurs).

2. 선생님이 설명해 주셨어요 (the, teacher, explain) 그들의 외모, 특징, (appearance, characteristics), 그리고 그들이 살았던 환경에 대해 (and, environment, in, which, lived).

3. 우리는 다양한 종류의 공룡에 대해 배웠어요. (learned, about, various, types, dinosaurs), 티라노사우루스 렉스, 스테고사우루스, 트리케라톱스 등과 같은 (such, as, Tyrannosaurus rex, Stegosaurus, Triceratops), 그들의 특징도 함께 배웠죠 (and, more, along, with, characteristics).

4. 공룡이 살았다고 해요. (It's, said, that, dinosaurs, also, live) 한반도에서도 (in, Korean, Peninsula) 약 6천만 년 전까지 (until, about, 60 million, year, ago).

5. 그들의 외모와 생활을 상상하는 것이 (Imagine, appearance, and, lifestyle) 정말로 매력적이에요. (fascinating).

Topic :

Today in class,
we ⬚ about the age of dinosaurs.

- 1. _____

The teacher ⬚
their appearance, characteristics,
and the environment in which they ⬚ .

- 2. _____

We learned about ⬚ types of dinosaurs,
such as Tyrannosaurus rex, Stegosaurus, Triceratops,
and more, ⬚ with their characteristics.

- 3. _____

It's said that ⬚ also lived
in the Korean Peninsula
until about 60 million years ago.

- 4. _____

⬚ their appearance and lifestyle
is fascinating.

- 5. _____

143

1. 오늘은 토요일이에요,
   (Today, Saturday),
   제가 가장 좋아하는 요일이죠!
   (my, favorite, day, the, week)!

2. 일어났어요 / 큰 미소를 띠고 / 얼굴에
   (woke, up, with, big, smile, on, face),
   하루를 가진 것을 알고
   (knowing, that, have, a, whole, day)
   내가 원하는 대로 보낼
   (do, whatever, want).

3. 아침에는 일찍
   (First, thing, in, morning),
   먹었어요 / 맛있는 팬케이크로 아침을
   (had, delicious, pancake, breakfast).

4. 아침 식사를 마치고 나서는
   (after, breakfast),
   공원에 갔어요.
   (went, to, park)
   친구들과 함께
   (with, friends).

5. 우리는 태그놀이를 하고, 그네를 타고,
   (played, tag, swung, on, swings),
   그리고 즐겁게 놀았어요 / 정글짐에서
   (and, had, blast, on, jungle gym).

6. 햇빛이 비추고 있었고,
   (The, sun, shining),
   딱 좋은 날씨였어요.
   (and, weather, perfect)
   야외 활동하기
   (for, fun, outdoor).

Topic :

Today is ⬚,
my favorite day of the week!

■1. _____

I ⬚ up / with a big smile / on my face,
knowing that I have a ⬚ day
to do whatever I ⬚.

■2. _____

First thing in the morning,
I had / a ⬚ pancake breakfast.

■3. _____

After breakfast,
I ⬚ to the park
with my friends.

■4. _____

We ⬚ tag, swung on the swings,
and had a blast ⬚ the jungle gym.

■5. _____

The sun was ⬚,
and the weather was ⬚
for outdoor fun.

■6. _____

145

Day, Month date, year, Weather

오늘은, 제 가족과 다녀왔어요
(Today, my, family, I, went)
캠핑카 여행을
(on, a, camping, car, trip)
강원도로
(to, Gangwon, Province).

1. _____

먼저, 우리는 탐험했어요 / 숲을
(First, explored, forests)
강원도의
(Gangwon Province, of)
캠핑카로
(camping car, by).

2. _____

정말 상쾌했어요.
(It, really, refreshing)
소리를 들으며 산책하는 것은
(to, stroll, amidst, sounds)
거기서 자연의 (there, of, nature).

3. _____

우리는 또한 경험을 했어요
(We, also, had, experience)
별을 관찰하는
(observing, stars)
강원에서
(Gangwon, Province, in).

4. _____

밤에는,
(night, at)
별을 보면서
(looked, at, the, stars)
캠핑카에서
(from, camping, car)
이야기를 나눴어요 / 가족들과
(and, shared, stories, with, family).

5. _____

우리는 보냈어요 / 특별한 순간을
(We, spent, special, moment)
아름다운 별에 / 감탄하며
(marveling, at, beauty, of, stars).

6. _____

Topic :

Today, my family and I [ ] on a camping car trip to Gangwon Province.

■1. _____

First, we [ ] the forests of Gangwon Province by camping car.

■2. _____

It was really [ ] to stroll amidst the sounds of [ ] there.

■3. _____

We also had an experience [ ] the stars in Gangwon Province.

■4. _____

At night, we [ ] at the stars from the camping car and shared [ ] with our family.

■5. _____

We [ ] a special moment marveling at the beauty of the stars.

■6. _____

Day, Month date, year, Weather

오늘은 Today,
이야기할 거예요/ 나의 꿈에 대해
(going, to, talk, about, dream).

1. _____

어릴 적부터,
(was, little, Since, I),

나는 항상 꿈이었어요 / 비행사가 되는 것이
(I've, always, dreamed, of, become, pilot).

2. _____

하늘을 나는 비행기를 조종하는 것은
(Controlling, airplane, flying, through, sky)

나에겐 언제나 멋지고 매혹적인 일이었어요.
(has, always, been, wonderful, fascinating, thing, me).

3. _____

나의 목표는 열심히 공부하고 노력하여
(goal, to, work, hard, study)

내 꿈을 이루는 것이에요.
(make, my, dream, come, true).

4. _____

비행사가 되는 것은 쉬운 일이 아니지만,
(becoming, pilot, isn't, easy),

난 믿어요 /내가 포기하지 않고 계속 노력한다면
(but, believe, that, if, don't, give, up, keep, trying),

꼭 성취할 수 있다고
(definitely, can, achieve, it).

5. _____

Topic :

Today, I'm going to _____ about my dream.

1. _____

Since I was little,

I've always _____ of becoming a pilot.

2. _____

_____ an airplane flying through the sky

has always been

a wonderful and fascinating _____ for me.

3. _____

My _____ is to work hard and study

to make my dream _____ true.

4. _____

_____ a pilot isn't easy,

but I believe that if I don't give up and keep trying,

I can definitely _____ it.

5. _____

Day, Month date, year, Weather

제 누나 집에는
(at, sister's, house),
앵무새와 고양이가 (there, a, parrot, a, cat)
함께 살고 있어요.
(live, together).

1. _____

그의 시끄러운 소리가 울음인지 노래인지 여부와 상관없이,
(Whether, its, noisy, sounds, cries, songs),

앵무새는 항상 저를 격려해줘요.
(the, parrot, always, cheers, up)
그 활기찬 존재로
(with, its, presence, energetic).

2. _____

고양이는 사랑스러운 친구예요.
(The, cat, the, adorable, friend)
누나 집의
(of, sister's, house).

3. _____

고양이는 조용하고 차분한 성품으로
(With, its, quiet, calm, demeanor),

고양이는 치유를 가져다줘요.
(the, cat, brings, healing)
우리 가족에게
(to, family).

4. _____

애완동물들은
The pets
제 누나 집에 사는
(living, at, sister's, house)
선사해줘요/ 큰 기쁨과 행복을
(bring, great, joy, happiness)
우리 가족에게
(to,, family).

5. _____

Topic :

At my sister's house,

there are a parrot and a cat

[   ] together.

- 1. _____

Whether its noisy sounds are cries or songs,

the [   ] always cheers me up

with its energetic [   ].

- 2. _____

The cat is the [   ] friend

of my sister's house.

- 3. _____

With its quiet and calm demeanor,

the cat [   ] healing to our family.

- 4. _____

The pets living at my sister's house

[   ] great joy and happiness

to our family.

- 5. _____

151

Day, Month date, year,　Weather

오늘은 Today,
이야기할 거예요. I'll talk
나의 종교 경험에 대해 (about, religious, experiences).

1. _____

나는 종교 경험을 통해 (Through, religious, experiences),
배웠어요. (I've)
사랑과 동정심에 대해 (about, love, compassion).

2. _____

얼마나 중요한지를 깨달았어요. (I've, learned, important, it, is)
모든 사람을 사랑하고 (love, everyone)
서로 돌보는 것이 (and, care, for, each, other).

3. _____

또한 Additionally,
긍정적인 가치를 배웠어요. (I've, learned, values, positive)
인내심같은 (as, such, patience),
어려운 시기에도 (even, difficult, times, during).

4. _____

이를 통해 (this, Through),
나는 성장하고 노력했어요. (I've, strived, grow)
더 나은 사람이 되려고 (and, become, better, person).

5. _____

Topic :

1.
Today,
I'll talk
about my religious _____.

2.
Through my religious experiences,
I've learned
about love and _____.

3.
I've learned how _____ it is
to love everyone
and to care for each other.

4.
Additionally,
I've learned _____ values
such as patience,
even during _____ times.

5.
Through _____,
I've strived to grow
and become a _____ person.

Day, Month date, year, Weather

오늘은 현충일이었어요.
(Today, Memorial, Day).

1. _____

학교에서는 　특별한 시간을 가졌어요.
At school, 　(had, special, time)
현충일을 기념하기 위해
(commemorate, Memorial, Day).

2. _____

모든 학생들이 교장선생님의 말씀을 듣고,
(All, students, listened, principal's, words)
함께 기도했어요.
(and, pray, together),
분들을 기억하며
(remember, those)
희생된
(who, sacrifice, themselves)
전쟁에서
(in).

3. _____

우리 반에서는 　행사도 열렸어요
(In, class, had, event)
흰 장미를 꺾어서
(where, picked, white, roses)
희생된 분들을 추모하려고
(honor, fallen),
그리고 슬픔과 공경의 마음을 함께 나누었어요
(share, feelings, of, sadness, respect).

4. _____

이렇게 현충일을 기념하면서
(Commemorating, Memorial, Day, like)
이유를 되새기게 되었어요
(made, reflect, on, the, reasons)
우리가 자유롭게 살 수 있는
(why, can, live, freely).

5. _____

154 · 영어일기 따라잡기

Topic :

Today was _____ Day.

■1. _____

At school,
we had a _____ time
to commemorate Memorial Day.

■2. _____

All students listened to the principal's words
and _____ together,
remembering those
who _____ themselves
in wars.

■3. _____

In our class,
we had an _____
where we picked white roses
to _____ the fallen,
sharing feelings of sadness and _____.

■4. _____

Commemorating Memorial Day like this
_____ us reflect on the reasons
why we can live _____.

■5. _____

Day, Month date, year, Weather

오늘은 Today,
경험을 했어요. (had, an, experience)
용기를 시험받는 (that, tested, courage).

1. _____

태권도 수업에 참여했는데, (went, to, Taekwondo, class),
거기서 발견했어요. (where, discovered)
새로운 도전과 용기를 (challenges, courage).

2. _____

수업이 시작되면서 (As, class, began),
조금 긴장되었어요. (felt, a bit, nervous).

3. _____

처음에는 제가 서툴고 미숙하다고 생각되어
At first,
(felt, like, less, skilled, lacking)
다른 사람들과 비교했을 때 (compared, others),
두려움이 들었어요 (which, made, fearful).

4. _____

하지만 However,
태권도를 배우면서 (as, learned, Taekwondo),
용기를 발견했어요. (discovered, courage)
내 안에 있는 (within).

5. _____

Topic :

Today,
I had an experience
that tested my _____ .

■1. _____

I went to a Taekwondo class,
where I _____
new challenges and courage.

■2. _____

As the class began,
I felt a bit _____ .

■3. _____

At first,

I felt like I was less skilled

and lacking compared to _____ ,

which made me _____ .

■4. _____

However,
as I learned Taekwondo,
I _____ the courage
within myself.

■5. _____

Day, Month date, year, Weather

오늘은, 날씨가 매우 변덕스러웠어요
(Today, weather, changed, often).

1. _____

아침에 일어났을 때는
(When, woke, up, in, morning),
하늘이 맑고
(the, sky, clear),
상쾌한 바람이 불고 있어
(and, refreshing, breeze, blowing),
기분이 좋았어요.
(so, feel, great).

2. _____

그러나 오후로 접어들면서
However,
(as, afternoon, approached),
날씨가 변하기 시작했어요
(weather, began, change).

3. _____

구름이 모이기 시작했고,
(Clouds, started, to, gather),
하늘이 어두워지기 시작했어요.
(and, the, sky, began, darken).

4. _____

갑자기 비가 내리기 시작했어요.
(Suddenly, started, rain).

5. _____

비가 오는 것은 좋지만,
(While, rain, nice),
조금 놀랐어요.
(felt, a bit, surprised)
날씨가 갑자기 변하는 것에
(by, sudden, change, in).

6. _____

Topic :

Today,
the weather ☐ often.

- 1. _____

When I woke up in the morning,
the sky was ☐ ,
and a, refreshing breeze was blowing,
so I felt great.

- 2. _____

However,
as the afternoon approached,
the weather began to ☐ .

- 3. _____

Clouds started to gather,
and the sky began to ☐ .

- 4. _____

Suddenly, it started to ☐ .

- 5. _____

While rain was nice,
I felt a bit ☐
by the sudden change in ☐ .

- 6. _____

159

Day, Month date, year, Weather

오늘은 이야기해볼게요
　　　　Today, let me talk
인기 먹거리에 대해　　　　우리 동네
(about, popular, food, in, neighborhood).

1. ─────────────────────────

우리 동네는
　　(in, our, neighborhood),
다양한 맛집이 있지만,
　　(there, various, eateries),

특히 한 가게가 가장 인기가 많아요.
(but, one, shop, stands, out, as, most, popular).

2. ─────────────────────────

그 가게는 '동네 떡볶이 가게'에요.
(That, place, the, Neighborhood, Tteokbokki, Shop).

3. ─────────────────────────

이곳은 항상 사람들로 붐볐어요.
　　(It's, always, bustling, with)

왜냐하면 그 곳에서 판매하는 떡볶이가
　　(because, the, tteokbokki, sell, there)
정말 맛있기 때문이에요.
　　　(truly, delicious).

4. ─────────────────────────

선택할 수 있었요
　　(can, choose)
다양한 종류의 떡볶이를
　　(from, variety, of, tteokbokki, options),
선택할 수도 있어요.
　　　(and, can, also)
매운맛과 순한맛을
　　(between, spicy, mild, flavors).

5. ─────────────────────────

Topic :

Today, let me talk about the ▭ food in our neighborhood.

- 1. _____

In our neighborhood, there are ▭ eateries, but one shop stands out as the most ▭.

- 2. _____

That place is the 'Neighborhood Tteokbokki Shop.

- 3. _____

It's always ▭ with people because the tteokbokki they sell there is truly ▭.

- 4. _____

You can choose ▭ a variety of tteokbokki options, and you can also choose between spicy and mild ▭.

- 5. _____

Day, Month date, year, Weather

1.
1. 오늘은 나의 경험에 대해 이야기하고 싶습니다
(Today, I'd, like, share, experience)
라스베가스에 간 여행
(of, travel, Las Vegas, to).

2. 라스베가스는 도시입니다
(Las Vegas, a, city)
미국 네바다주에 위치한
(located, in, state, of, Nevada, USA).

3. 거기는 유명합니다 / 화려한 호텔, 리조트,
(It's, famous, its, for, glamorous, hotels, resorts),
카지노, 그리고 엔터테인먼트 장소로
(casinos, venues, entertainment).

4. 우리 여행 중에는
(during, trip),
기회가 있었습니다
(had, opportunity)
풍차 쇼와 물 쇼를 관람할
(watch, windmill, show, water show).

5. 특히, Especially,
물 쇼는 환상적인 퍼포먼스였습니다
(water, show, stunning, performance)
물과 조명이 아름답게 조화되는
(where, water, lights, harmonize, beautifully).

6. 라스베가스 여행은 내게 남겨줬습니다.
(Travel, Las Vegas, has, truly, left, me)
잊지 못할 추억을
(with, unforgettable, memory).

Topic :

Today, I'd like to [____] my experienc of traveling to Las Vegas.

■1. _____

Las Vegas is a city [____] in the state of Nevada, USA.

■2. _____

It's [____] for its glamorous hotels, resorts, casinos and entertainment venues.

■3. _____

During our trip, we had the [____] to watch a windmill show and a water show.

■4. _____

Especially, the water show was a stunning [____] where water and lights harmonized beautifully.

■5. _____

Traveling to Las Vegas has truly left me with unforgettable [____].

■6. _____

Day, Month date, year, Weather

오늘은 이사를 왔어요.
(Today, moved)
새로운 동네로
(new, neighborhood).

1.

여기서 처음 살아보는 거라서
(It's, my, time, here, living),
모든 게 새롭게 느껴져요
(and, everything, feel, new).

2.

첫 날 주변을 둘러보면서,
(As, looked, around, on, day),
알았어요 / 이 곳에는 가득 찼다는 걸
(noticed, that, this, place, filled)
아름다운 집들과 키 큰 나무들로
(with, beautiful, tall, trees).

3.

공원도 많이 있어요 /주변에는
(There, also, parks, nearby),
내 생각에 산책하기에 좋은
(which, think, will, great, for, take, walks).

4.

새로운 동네에서 살면서
(Being, in, neighborhood)
조금은 어려울 수도 있겠지만,
(might, a bit, challenging),
접근하고 있어요.
(but, approaching, it)
긍정적인 마음가짐으로
(with, positive, mindset)
새로운 것에 적응하려고
(to, adapt, things).

5.

Topic :

Today, I [　　　] to a new neighborhood.

- 1. _____

It's my first time living here, and everything feels [　　　].

- 2. _____

As I [　　　] around on the first day, I noticed that this place is [　　　] with beautiful houses and tall trees.

- 3. _____

There are also many parks nearby, [　　　] I think will be great for taking walks.

- 4. _____

Being in a new neighborhood might be a bit challenging, but I'm approaching it with a positive [　　　] to adapt new things.

- 5. _____

Day, Month date, year, Weather

1. 오늘은 바다 낚시를 다녀왔어요.
   (Today, went, sea, fish)
   아빠와 함께 (with, dad).

2. 아침 일찍 일어나니,
   (Waking, up, early, in, morning),
   파도 소리를 듣고
   (heard, sound, of, waves),
   기분이 좋았어요.
   (which, lifted, spirits, my).

3. 내게 처음이었어요 / 바다에서 낚시를 하는 건
   (It, first, time, fishing, in, sea),
   그래서 가는 길에는
   (and, on, way, there),
   기대와 설렘으로 가득 찼어요
   (filled, with, anticipation, excitement).

4. 바다에 도착하자마자
   (As, soon, arrived, at, sea),
   낚시를 시작했어요.
   (started, fishing).

5. 낚싯대를 바다로 던지고,
   (cast, fishing, rod, into, sea),
   나는 낚싯줄에 걸린 물고기를 당겼어요
   (and, pulled, fish, caught, on, line)
   낚싯대로
   (with, fishing, rod).

6. 그 순간의 기분이
   (feeling, of, that, moment)
   아직도 내 안에 남아 있어요.
   (still, linger, within, me).

Topic :

Today, I [   ] sea fishing
with my dad.

- 1. _____

[   ] up early in the morning,
I heard the sound of the waves,
which lifted my [   ].

- 2. _____

It was my first time [   ] in the sea,
and on the way there,
I was filled [   ] anticipation and excitement.

- 3. _____

As soon as we arrived at the sea,
we [   ] fishing.

- 4. _____

I [   ] the fishing rod into the sea,
and I [   ] the fish caught on the line
with the fishing rod.

- 5. _____

The feeling of that moment
still [   ] within me.

- 6. _____

Day, Month date, year, Weather

오늘, 나는 깊은 감동을 받은 책을 읽었다.
(Today, read, book, that, deeply, me, moved).

1. _____

그것은 "어린 왕자"였다.
(It, "The Little Prince").

2. _____

이 책을 처음 읽을 때,
(When, first, read, book),
내 안에 특별한 감정이 솟아났다.
(felt, special, emotion, rising, within).

3. _____

이 책은 이야기를 풀어낸다
(book, tell, the, story)
어린 왕자가 여행하면서
(of, Little Prince traveling)
여러 행성을 (various, to, planets),
다양한 캐릭터를 만나는
(and, different, characters, encountering)
여우나 비행사와 같은
(such, as, fox, pilot)
비행기를 고친
(who, fix, his, airplane).

4. _____

이러한 만남들을 통해
(Through, encounters),
이야기가 펼쳐진다.
(the stories, unfold).

5. _____

어린 왕자의 순수한 마음과
(pure-heartedness, the, Little Prince)
그의 이야기들이 나에게 깊은 감동을 주었다.
(and, stories, resonated, deeply, with).

6. _____

Topic :

Today,
I read a book
that deeply _____ me.

- 1. _____

_____ was "The Little Prince."

- 2. _____

When I first _____ this book,
I felt a special emotion rising _____ me.

- 3. _____

This book _____ the story
of the Little Prince traveling
to various planets,
and encountering _____ characters
such as the fox and the pilot
who fixed his _____ .

- 4. _____

Through these encounters,
the stories _____ .

- 5. _____

The pure-heartedness
of the Little Prince and his stories
_____ deeply with me.

- 6. _____

Day, Month date, year,　Weather

오늘은 추수감사절이었습니다
(Today, Thanksgiving, day)
가족, 음식, 감사로 가득한
(filled, with, family, food, gratitude).

1. _____

우리는 일찍 일어났습니다
(woke, up)
칠면조의 향기에
(to, smell, turkey)
오븐에서 요리되는
(cooking, in, oven).

2. _____

마음이 들뜨기 시작했습니다.
(could, hardly, contain, excitement)

나는 엄마가 부재료를 준비하는 데 도움을 주며
(as, helped, mom, prepare, side, dishes)

으깬 감자와 그린빈 캐서롤 같은
(like, mash, potatoes, green, bean, casserole).

3. _____

점심 후에는 우리가 모두 한 자리에 모여서
(After, we, all, gather, around, table),

기도를 드리며 손을 잡았습니다.
(holding, hands, as, said, grace).

4. _____

추수감사절은 음식뿐만 아니라
(Thanksgiving, isn't, just, about);

우리가 사랑하는 사람에 감사하는 것입니다
(it's, about, appreciate, the, people, we)

우리가 갖고 있는 것들에
(and, the, things, have).

5. _____

Topic :

Today was Thanksgiving day
filled with family, food, and [_____].

- 1. _____

We [____] up early
to the smell of turkey
[_____] in the oven.

- 2. _____

I could hardly [_____] my excitement
as I helped my mom prepare side dishes
[____] mashed potatoes and a green bean casserole.

- 3. _____

After lunch,
we all [_____] around the table,
holding hands [__] we said grace.

- 4. _____

[_____] isn't just about the food;
it's about appreciating
the people we [_____]
and the things we [_____].

- 5. _____

171

Day, Month date, year, Weather

오늘 Today,
나누고 싶어요 (want, to, share)
가장 잊지 못할 순간을 (most, memorable, moment)
제주도 여행 중 (from, trip, Jeju Island).

1. _____

우리 가족은 시작했어요 (family embark)
멋진 여정을 (on, wonderful, journey)
아름다운 제주의 해변으로 (to, beautiful, beaches, Jeju).

2. _____

그 곳은 푸른 바다와 밝은 햇살로
(place, with, its, azure, sea, bright, sunshine),
정말 멋진 곳이었어요 (truly, magnificent).

3. _____

우리는 모래성을 짓기 시작했어요 / 해변에서.
(started, build, sandcastles, on, beach).
해변을 거닐면서 (As, strolled, along, shore),
예쁜 조개껍질을 발견했어요.
(stumbled, upon, pretty, seashells).

4. _____

그리고 해변에서 (And, at, beach),
우리는 맛있는 해산물을 맛볼 수 있었어요.
(got, taste, delicious, seafood).

5. _____

우리 제주 여행의 이 순간은
(This, moment, from, trip)
분명히 소중한 추억으로 남을 거예요.
(will, surely, remain, precious, memory).

6. _____

Topic :

Today,
I want to share the most memorable momen
[_____] our trip to Jeju Island.

- 1. _____

Our family [_____] on a wonderful journey
[____] the beautiful beaches of Jeju.

- 2. _____

The place,
with its azure sea and bright sunshine,
was truly [_____].

- 3. _____

We [_____] building sandcastles on the beach.
As we [_____] along the shore,
we stumbled upon pretty seashells.

- 4. _____

And at the beach,
we got to [_____] delicious seafood.

- 5. _____

This [_____] from our Jeju trip
will surely [_____] a precious memory.

- 6. _____

Day, Month date, year, Weather

오늘은 날이었습니다.
(Today, a, day)
작은 변화가 큰 영향을 미친
(when, small, made, big, impact)
나에게 (on).

1. _____

나는 일어났습니다. 보통보다 조금 일찍
(woke, up, a, little, early, than, usual)
아침에
(in, morning),
딱 10분 일찍요.
(just, earlier, 10 minutes).

2. _____

그것은 기회를 주었습니다 / 나에게 / 준비할 수 있는 / 하루를
(That, allowed, to, prepare, for, day)
좀 더 여유롭게
(with, more, a, bit, leisure).

3. _____

처음에는
(first, At),
아니라고 생각했습니다.
(didn't, think)
그것이 큰 변화가
(it, big, change).

4. _____

하지만 그런 작은 변화가 만들어 주었습니다
(But, such, a, small, made)
하루 전체를 더 밝고 행복하게 / 내게는
(whole, day, brighter, happier, for).

5. _____

Topic :

Today was a day when a small change ☐ a big impact on me.

■1. _____

I woke up a little ☐ than usual in the morning, just 10 minutes ☐.

■2. _____

That allowed me to prepare for the day with a bit more ☐.

■3. _____

At first, I ☐ think it was a big ☐.

■4. _____

But such a small change ☐ the whole day brighter and happier for me.

■5. _____

Day, Month date, year, Weather

오늘은 Today,

선생님이 이야기했어요
(my, talked)

빛과 소리에 대해
(about, light, sound).

1. _____

저는 되돌아보았어요
(reflected)

오늘 배운 것을
(on, what, learned, today).

2. _____

깨달았습니다./번개가 번쩍 치고
(realized, that, lightning, flash)

그 후에는 천둥이 따르는 것을
(and, then, thunder, follow).

3. _____

이것은 빛이 더 빠르기 때문입니다 /소리보다
(This, because, light, fast, than, sound).

4. _____

이런 궁금증을 해결하는 것은
(Solve, such, curiosities)

인 것 같습니다.
(seem, to, be)

즐거운 측면 중 하나
(one, of, enjoyable, aspects)

학교 수업의
(of, school, lesson).

5. _____

Topic :

Today, my teacher ⬚ about light and sound.

• 1. _____

I ⬚ on what I learned today.

• 2. _____

I ⬚ that lightning flashes and then thunder ⬚

• 3. _____

This is because light is ⬚ than sound.

• 4. _____

⬚ such curiosities seems to be ⬚ of the enjoyable aspects of school lessons.

• 5. _____

Day, Month date, year, Weather

오늘,
Today,
나는 방문했다 / 고호 미술 전시관을
(visited, Goho Art Gallery)
친구들과 함께
(with, friends).

1. _____

전시관에 들어서자마자,
(As, soon, as, entered, gallery),
우리는 놀랐다
(amazed)
아름다운 그림들에
(by, beautiful, paintings).

2. _____

생생한 색채와 정교한 디테일이
(vivid, colors, intricate, details)
그림 속에는
(in, paintings)
너무 멋지게 표현되어 있었다
(wonderfully, expressed).

3. _____

우리는 멈춰 섰다
(stood)
한 장의 그림 앞에
(in, front, one, painting).

4. _____

그림 속에는 해변이 펼쳐져 있었는데,
(It, depicted, beach),
실제로 서있는 것 같은 느낌이 들었다.
(and, felt, like, actually, standing)
해변에
(on, shore).

5. _____

Topic :

Today,
I ☐ the Goho Art Gallery
with my friends.

■1. _____

As soon as we ☐ the gallery,
we were amazed
by the beautiful ☐.

■2. _____

The vivid colors and intricate details

in the paintings

were wonderfully ☐.

■3. _____

We ☐

in front of one ☐.

■4. _____

It ☐ a beach,
and
we felt like we were actually ☐
on the shore.

■5. _____

Day, Month date, year, Weather

1. 나의 고향은 작고 조용한 마을이다.
(hometown, small, quiet, village).

2. 나는 이 작은 마을을 사랑한다.
(love, village).

3. 방식이
The way 마을 사람들은 서로를 돕고
(people, in, village, help, each),
서로를 존중하며
(respect, another, one),
함께 살아가는
(and, together, live),
너무나 아름답다.
(truly, beautiful).

4. 가장 좋아하는 장소는 작은 숲이다.
(My, favorite, place, small, forest)
마을 근처의
(near, village).

5. 그곳에는 푸른 나무들이 우거져 있고,
(There, lush, green, trees, tall, stand),
시원한 바람이 불면
(and, when, cool, breeze, blow),
나뭇잎들이 살랑살랑 흔들린다.
(the, leaf, sway, gently).

6. 이 작은 고향은 나에게 준다
(This, hometown, give, me)
큰 행복과 안정감을
(great, happiness, peace, of, mind).

Topic :

My hometown is a small and ☐ village.

■1. _____

I ☐ this small village.

■2. _____

The ☐ people in the village help each other,
respect one another,
and live together,
is truly ☐ .

■3. _____

My favorite place is a small ☐
near the village.

■4. _____

There, lush green ☐ stand tall,
and when the cool breeze blows,
the ☐ sway gently.

■5. _____

This small hometown ☐ me
great happiness and peace of mind.

■6. _____

Day, Month date, year,　Weather

　　　처음으로, 　　　　나는 봉사를 시작했다.
　　　(For, first),　　　(started, volunteering)
　　　　　지역 동물 보호소에서
　　　　　(at, local, animal, shelter).
1. _____

　　　　나에게 큰 기쁨이 되었다.
　　　　(It, brought, immense, joy)
　　　사랑을 주고 도와주는 것이
　　　(offer, love, assistance)
　　동물들에게 / 도움이 필요한
　　(to, animals, in, need).
2. _____

　　　나는 개들을 산책시켜주고,
　　　(took, dogs, for, walks)
　　　고양이들에게 음식을 주었다.
　　　(and, provided, food, for, cats).
3. _____

　　　그 후로도 (then, since)
　　나는 참여했다
　　　(have, continued, participate)
　　다양한 봉사 활동에
　　(in, various, volunteer, activity).
4. _____

　　주변 동네를 청소하는 봉사,
　　(From, clean, up, neighborhood)
　　　도서관에서 아이들에게 책 읽어주기 등
　　　(to, reading, books, to, children, at, library),
　　다양한 봉사 활동을 하는 것이
　　(engage, in, diverse, volunteer, work)
　　얼마나 중요한지를 알게 되었다
　　(has, taught, how, important, it, is)
　　다른 사람들을 돕는데
　　(help, others).

5. _____

Topic :

For the first time,
I _____ volunteering
at the local animal shelter.

- 1. _____

It _____ me immense joy
to offer love and _____
to the animals / in need.

- 2. _____

I _____ the dogs for walks
and _____ food for the cats.

- 3. _____

Since then,
I have _____ to participate
in various _____ activities.

- 4. _____

_____ cleaning up the neighborhood

to reading books to children at the library,

_____ in diverse volunteer work

has taught me how important it is

to help _____ .

- 5. _____

183

Day, Month date, year, Weather

오늘 Today
수학 시간에는 (math, in, class),
어려운 문제를 풀어야 했다.
(we, had, solve, some, challenging, problems).

1.

처음에는 At first,
포기하고 싶었다
(I, like, felt, giving, up)
너무 어려워 보여서
(because, they, seem, too, difficult).

2.

그러나
나는 용기를 내어 노력했다
However,
(gathered, courage, made, effort)
문제를 해결하기 위해
(to, solve, problems).

3.

그리고 끝내
문제를 해결할 수 있었다.
Eventually,
(managed, find, solutions).

4.

그 순간,
(that, in, moment),
나는 자신감을 얻었고
(gained, confidence)
극복할 수 있다는 것을 알게 되었다
(and, realized, that, could, overcome)
어려운 것도 (even, tough, challenge).

5.

나는 믿는다
I believe
이런 작은 성장 경험들이 모여
that these small growth experiences
나를 더 나은 사람이 될 수 있게 한다고
(will, make, better, person).

6.

Topic :

Today
in math class,
we had to _____ some challenging problems.

- 1. _____

At first,
I felt like _____ up
because they seemed too _____.

- 2. _____

However,
I _____ courage and made an effort
to _____ the problems.

- 3. _____

Eventually,
I managed to find _____.

- 4. _____

In that moment,
I _____ confidence
and realized that I could overcome
even tough _____.

- 5. _____

I believe
that these small growth experiences
will _____ me a better person.

- 6. _____

Day, Month date, year, Weather

1. 나는 그림 그리기를 좋아한다.
(enjoy, drawing).

2. 세상을 그려내는 것은
(Painting, world)
내 마음대로
(as, please)
정말 즐거운 일이다
(truly, joyful, thing)."

3. 나는 사용한다 / 색색의 연필과 크레용을
(use, colored, pencils, crayons)
종이 위에
(on)
세상을 묘사하기 위해
(depict, world).

4. 나는 종종 그린다 / 동물들이나 자연의 풍경들을
(often, draw, animals, natural, landscapes).

5. 특히나
Particularly,
나는 고양이를 그리는 것을 좋아한다.
(love, cats, drawing).

6. 그림 그리기는 / 소중한 취미이다.
(Drawing, precious, hobby)
나에게 큰 즐거움을 주고
(that, bring, great, pleasure)
창의력과 집중력을 향상시켜주는
(and, enhances, creativity, concentration).

Topic :

I [____] drawing.

1. _____

[_____] the world

as I please

is truly a joyful thing.

2. _____

I use / colored pencils and crayons

on paper

to [____] the world.

3. _____

I often [____] animals and natural landscapes.

4. _____

Particularly,

I love [____] cats.

5. _____

Drawing is a precious hobby

that [____] me great pleasure

and enhances my creativity and concentration.

6. _____

Day, Month date, year, Weather

일어나자마자,
(As, soon, as, woke, up),
나는 오늘의 일정을 계획해 보았다.
(plan, out, today's, schedule).

1. _____

첫 번째로,
프로젝트를 준비할 날이다.
Firstly,
(it's, day, prepare, for, project)
학교에서 친구들과 함께
(with, at).

2. _____

나는 결정했다 / 도서관에 가서
(decided, go, to, library)
필요한 자료를 모으기로 했다.
(gather, necessary, materials).

3. _____

두 번째로,
수영 수업이 있는 날이다.
Secondly,
(it's, day, swimming, for, lessons)
방과 후에는
(school, after).

4. _____

나는 더욱 기대된다
(I'm, looking, to, forward)
새로운 기술을 배우는 날이라
(new, learning, techniques, today).

5. _____

마지막으로,
저녁에는
가족과 함께 레스토랑에 가기로 했다.
Lastly,
(in, evening),
(we're, going, restaurant, my, with).

6. _____

188 · 영어일기 따라잡기

Topic :

As soon as I woke up,
I [____] out today's schedule.

- 1. _____

Firstly,
it's a day to [____] for a project
with friends at school.

- 2. _____

I [____] to go to the library
to [____] necessary materials.

- 3. _____

Secondly,
it's a day for swimming lessons
after [____].

- 4. _____

I'm looking [____] to
learning new techniques today.

- 5. _____

Lastly,
in the evening,
we're going to a [____] with my family.

- 6. _____

Day, Month date, year, Weather

1. 우정은 소중한 선물이다.
    (Friendship, precious, gift)
    서로를 위한
    (each, other, for).

2. 나의 우정은 시작된다.
    (friendships, start)
    가까운 친구와의 관계에서
    (with, friends, close).

3. 서로를 이해하고 존중하는 것이
    (Understanding, respecting, each, other)
    우리의 우정을 더욱 강하게 만든다.
    (make, friendship, stronger).

4. 서로를 위로하고 격려하는 것은
    (Comforting, encouraging, each other)
    우리의 우정을 더욱 깊게 만들어준다
    (deepen, bond, of, friendship).

5. 우정은 나에게 큰 힘이 되고,
    (Friendship, give, great, strength)
    나를 더 행복하게 만들어준다.
    (and, makes, happier)."

6. 우정은 선택이 아니고;
    (Friendship, not, choice);
    선물 중 하나 이다
    (it's, one, those, gifts)
    조건 없이 주기도 하고 받기도 하는
    (given, received, unconditionally).

Topic :

Friendship is a precious ☐ for each other.

■1. _____

My friendships ☐ with close friends.

■2. _____

☐ and respecting each other

☐ our friendship stronger.

■3. _____

Comforting and encouraging each other ☐ our bond of friendship.

■4. _____

Friendship ☐ me great strength and makes me happier.

■5. _____

Friendship is not a choice;
it's one of those gifts
given and ☐ unconditionally.

■6. _____

Day, Month date, year, Weather

1.
저녁이 되어서,
(evening, fell, as),
나는 알았다/ 나 자신이 공원을 지나가고 있음을
(found, passing, through, park)
학교에서 돌아오는 길에
(on, my, way, back, from).

2.
갑자기,
나는 발견했다 / 풍선을
(Suddenly, spotted, balloon),
내가 좋아하는 장난감인
(favorite, toy).

3.
풍선은 날아가고 있었다 /위로
(balloon, drifting, upward),
그래서 나는 계속 따라가기로 했다
(so, decided, follow, its, path)
풍선이 어디로 날아가는지 보기 위해
(see, where, it, going).

4.
그리고 어느 순간, 풍선이 멈추었다.
Eventually,
(balloon, came, stop).

5.
나는 서 있는 것을 알았다
(found, standing)
아름다운 꽃밭앞에
(in, front, of, beautiful, garden)
풍선이 내려앉은 곳인
(where, balloon, had, landed).

6.
나는 느꼈다 I felt
마치 작은 기적을 경험한 것을
(as, though, had, experienced, a little, miracle),
마음 속으로
(in, heart).

Topic :

As evening fell,
I found _____ passing through the park
on my way back from school.

- 1. _____

Suddenly, I _____ a balloon,

my favorite toy.

- 2. _____

The balloon was _____ upward,

so I decided to follow its path

to see where it was going.

- 3. _____

Eventually,
the _____ came to a stop.

- 4. _____

I found _____ standing

in front of a beautiful flower garden

where the balloon had _____.

- 5. _____

I felt
as though I had _____ a little miracle
in my heart.

- 6. _____

Day, Month date, year,   Weather

1.
우리는 함께 살아가고 있다
(living, together)
이웃들과
(with, neighbors).

2.
우리는 모두 다른 생각과 다른 모습을 가지고 있지만,
(Although, all, different, thoughts, appearances),
우리는 하나의 큰 가족이라고 생각한다.
(consider, one, big, family).

3.
그래서 우리가 배운 이유다
(That's, why, we've, learn)
서로를 돕는 것이 중요하다고
(that, helping, each other, important).

4.
우리는 또한 배웠다 얼마나 중요한지도
(We've, also, learn, how, crucial, it, is)
함께하는 것이
(journey, together)
사랑과 이해로
(with, love, understanding).

5.
우리는 서로를 존중하고 이해하며,
(must, respect, understand, each other),
언제나 함께 손을 잡고 나아가야 한다.
(always, holding, hands, as, move, forward).

6.
그래서 우리는 믿는다
(Therefore, believe)
세상은 더 나은 곳이 될 것이라고
(world, will, become, better, place).

Topic :

We are ☐ together with our neighbors.

- 1. _____

Although we all have ☐ thoughts and appearances, we consider ☐ one big family.

- 2. _____

That's why we've learned that ☐ each other is important.

- 3. _____

We've also ☐ how crucial it is to ☐ together with love and understanding.

- 4. _____

We must ☐ and understand each other, always holding hands as we move ☐.

- 5. _____

Therefore, we believe the world will become a ☐ place.

- 6. _____

초심자의 영어듣기는
귀가 아닌 입으로 하는 것이다.
입으로 내뱉으면
귀는 그것을 인식하고
뇌에 전달한다.
결국 뇌의 역할로 듣기 능력 또한 좋아진다.

입에 붙지 않는 말은
가슴에 쌓여 있을 뿐이다.

Day, Month date, year, Weather

오늘은 from the school library
새로운 책을 빌려왔다.

1. _____

이 책은 세계여행을 다니며
다양한 문화와 풍경을 만나는
이야기를 담고 있었다.

2. _____

나는 책을 읽을때마다,
마치 여행 중인 것처럼 느껴졌다.

3. _____

그 안에는
끝없는 상상의 나라가 펼쳐져 있었다.

4. _____

이번 책을 통해
나는 다른 문화와 장소에 대한
새로운 시각과 통찰력을 발견했다.

5. _____

책은 나에게 큰 선물이었다.

6. _____

Topic :

듣고/확인

1. Today, I ☐ a new book from the school library.

2. It was filled with stories of ☐ the world and encountering various cultures and landscapes.

3. Whenever I ☐ the book, I felt like I was on a journey myself.

4. ☐ its pages, there was an endless realm of ☐.

5. Through this book, I ☐ new perspectives and insights about different cultures and places.

6. The book was a great ☐ to me.

Day, Month date, year,　Weather

오늘은 filled with gratitude 하루였다.

1. _____

아침에 눈을 뜨자마자 따뜻한 햇살이 마음을 환하게 해 주었다.

2. _____

학교에 가는 길에는 예쁜 꽃들이 피어 있어서 마음이 편안해졌다.

3. _____

수업 중에는 선생님께서 항상 열심히 가르쳐 주신다.

4. _____

친구들과 함께 문제를 풀면서 즐거운 시간을 보냈다.

5. _____

가족과 저녁 식사를 하며
또한 함께 이야기를 나누며 보낸 시간은
언제나 소중하고 따뜻했다.

6. _____

Topic :

1. Today was a day filled with ☐.

2. As soon as I opened my eyes in the morning, the warm sunlight ☐ my mood.

3. On my way to school, ☐ beautiful flowers blooming made my heart feel at ease.

4. During class, the teacher always ☐ diligently.

5. Solving problems with friends ☐ joyous moments.

6. The time spent having dinner with family and sharing stories together ☐ always precious and heartwarming.

Day, Month date, year, Weather

오늘은 조금 우울한 하루였어요

1. _____

아침에 일어나니
기분이 좋지 않았고,

학교에 가는 길에도
마음이 무겁게 느껴졌어요.

2. _____

수업 시간에는 집중하기 어려웠어요.

3. _____

친구들과의 대화도
별로 기분이 나아지지 않았어요.

4. _____

하지만 점심 시간에는 친구들이 나를 위로해 주었어요.

5. _____

함께 웃으며 시간을 보내니 마음이 조금씩 가벼워졌어요.

6. _____

Topic :

Today was a bit of a ▭ day for me.

1. _____

When I woke up in the morning, I ▭ feel quite right, and even on my way to school, my heart felt heavy.

2. _____

It was difficult to ▭ during class.

3. _____

And conversations with friends ▭ improve my mood much.

4. _____

However, during lunchtime, my friends ▭ me.

5. _____

Spending time laughing together made my heart feel a little ▭.

6. _____

Day, Month date, year, Weather

오늘은,
미래에 대해
나의 꿈과 목표을 생각해보았다.

1. _____

나는 큰 꿈을 갖고 있고,
그것을 이루기 위해 노력하고 싶다.

2. _____

나의 미래에 대한 꿈은 의사가 되는 것이다.

3. _____

어릴 적부터
나는 다양한 질병과 치료에
관심이 많았다.

4. _____

의사가 되기 위해선
나는 어려움을 극복하기 위해
인내심과 능력을 가질 필요가 있다.

5. _____

내 꿈을 실현하도록
나는 열심히 노력할 것이다.

6. _____

Topic :

Today, I [   ] on my dreams and goals for the future.
1. _____

I have a big dream, and I want to work hard to [   ] it.
2. _____

My dream for the future is to [   ] a doctor.
3. _____

Since I was young, I have [   ] fascinated by various diseases and treatments.
4. _____

To become a doctor, I need to have the patience and ability to [   ] challenges.
5. _____

I am determined to work hard towards [   ] my dream.
6. _____

....
....
....

Day, Month date, year, Weather

오늘은
내가 존경하는 인물에 대해 생각하게 되었다.

1. ___

나의 존경하는 사람은 알베르트 아인슈타인이다.

2. ___

20세기 초기에,

그는 상대성 이론을 포함한

많은 혁신적인 아이디어를 발표했다.

3. ___

그는 뛰어난 물리학자로서만이 아니라,

그의 창의성과 독창적인 사고로

세계를 변화시킨 인물이다.

4. ___

그의 상상력과 탐구 정신은

항상 나에게 영감을 주었다.

5. ___

Topic :

1. Today, I found myself thinking about someone I ☐.

2. The person I admire ☐ Albert Einstein.

3. In the early 20th century, he introduced many groundbreaking ideas, including the theory of ☐.

4. He is not only an outstanding physicist but also a ☐ who changed the world ☐ his creativity and innovative thinking.

5. His imagination and spirit of ☐ have always inspired me.

Day, Month date, year, Weather

오늘은 내게 큰 고민이 생겼다.
1. _____

친구들 사이에서
소외되는 느낌을 받고 있다.
2. _____

학교에서도 집에서도

혼자 있는 것 같아서

외로움이 느껴진다.
3. _____

다른 친구들처럼 잘 어울리지 못하고,

어떤 말을 해야 할지 모르겠다.
4. _____

모든 일은 마음 먹기에 달렸다.
5. _____

이제 나는 용기를 내어

이 고민을 이겨내고

해결책을 찾아나갈 것이다.
6. _____

Topic :

Today, I've been ☐ a significant dilemma.
1. _____

I feel ☐ among my friends.
2. _____

Whether at school or at home,
I feel like I'm always alone,
experiencing ☐ .
3. _____

I ☐ to fit in well like other friends and I'm ☐ of what to say.
4. _____

Everything ☐ on the state of mind.
5. _____

Now, I will ☐ the courage to overcome this dilemma and find a solution.
6. _____

Day, Month date, year, Weather

1. 나는 학교 도서관에서 새로운 책을 읽었다.

2. 제목은 "모험가 루이와 비밀의 섬"이었다.

3. 이 책은 모험과 용기, 우정에 관한 이야기로 가득 차 있었다.

4. 주인공 루이는 용감하고 호기심 많은 소년이다.

5. 이 책은 친구들과 함께 비밀의 섬을 탐험하기위해 모험을 떠나는 그와 친구들의 이야기를 담고 있다.

6. 이 책을 읽으면서, 나는 친구들과 루이의 용기와 협력이 중요한지를 느꼈다.

Topic :

I read a new book in the school ☐ .

1. _____

The title was Adventurer Louis and the Secret Island.

2. _____

This book was filled with stories of adventure, courage, and ☐ .

3. _____

The ☐ , Louis, is a brave and curious boy.

4. _____

It ☐ the story of him and his friends embarking on an adventure to explore the secret island together.

5. _____

Reading this book, I felt the ☐ of Louis's courage and the cooperation with his friends.

6. _____

Day, Month date, year, Weather

오늘은 특별한 하루였어요!

새로운 취미를 발견했으니

1. _____

학교에서 친구가 퍼즐을 주었어요

그런데 그 퍼즐이 정말 재미있었어요.

2. _____

처음에는 어려워서

포기할까도 생각했어요.

3. _____

그런데 한 조각씩 맞추면서

점점 퍼즐 속 세상에 빠져들었어요.

4. _____

마침내 완성했을 때,

그 뿌듯함은 정말 최고였어요!

5. _____

새로운 취미와 관심사를 발견한 오늘은

정말 특별한 날이었어요.

6. _____

Topic :

1. Today was a special day as I _____ a new hobby!

2. A friend gave me a puzzle at school, and it turned out to be really _____.

3. At first, it seemed _____, and I even considered giving up.

4. However, as I started fitting the pieces together one by one, I got _____ into the world within the puzzle.

5. When I finally _____ it, the feeling of pride was truly the best!

6. Today, _____ a new hobby and interest made it truly a special day.

Day, Month date, year, Weather

오늘은 내가 가장 좋아하는 음식인
할머니가 만들어 주신 떡국을 먹었다.

1. _____

할머니의 손맛은 정말 일품이다.

2. _____

떡국의 국물은
진하고 감칠맛이 풍부하다.

3. _____

떡은 쫄깃하고 부드럽게 삶아져 있다.

4. _____

할머니가 나를 위해
떡국을 만들어 주실 때마다
특별한 기분이 든다.

5. _____

할머니가 건강하게 사셔서
할머니의 사랑을 오랫동안 받고 싶다.'

6. _____

Topic :

Today,
I had my favorite food, rice cake soup
, which my grandmother ☐ for me.

1. _____

My grandmother's cooking is truly ☐.

2. _____

The broth of the rice cake soup
is rich and ☐.

3. _____

The rice cakes are ☐ and tenderly boiled.

4. _____

Every time my grandmother makes rice cake soup
for me,
it makes me feel ☐.

5. _____

I want my grandmother to stay healthy
and ☐ her love for a long time.

6. _____

Day, Month date, year, Weather

오늘은 정말 바쁜 하루였어요!

1. _____

아침에 일어나서

빠르게 준비를 마치고 학교에 갔어요.

2. _____

수업은 꽤 길었지만,

친구들과 함께 공부하니까 재미있었어요.

3. _____

수업이 끝나고 나서는

도서관에 들러서

책을 빌려왔어요.

4. _____

나는 이번 주말에 읽을

새로운 책을 찾았는데

너무 기대돼요!

5. _____

이젠, 잠에 들 준비를 해야겠어요.

6. _____

Topic :

1. Today ⬚ really busy!

2. I woke up in the morning and quickly got ⬚ before heading to school.

3. The classes were quite long, but studying with friends made it ⬚.

4. After classes, I stopped by the library to ⬚ some books.

5. I found a new book to read for this weekend, and I'm really looking for ⬚ to it!

6. Now, I get ⬚ to sleep.

Day, Month date, year, Weather

1. 오늘은 어머니에게 집안을 청소하는 방법을 배웠어요.

2. 먼저, 어머니는 먼지를 털어내는 방법을 가르쳐 주셨어요.

3. 작은 먼지털이와 걸레를 사용해서 침대와 책상 위의 먼지를 제거했어요.

4. 그리고나서, 바닥을 청소하는 방법을 배웠어요.

   어머니는 바닥에 묻은 먼지와 머리카락을 쓸어 모았고, 그 후에 바닥을 닦아주셨어요.

5.

Topic :

Today,
I learned how to ⬜ the house
from my mother.

1. _____

First,
my mother taught me how to ⬜ dust.

2. _____

Using a small duster and a mop,
we ⬜ the dust
from the bed and desk.

3. _____

Then,
I learned how to ⬜ the floor.

4. _____

My mother swept up the dust and hair
on the floor
and then ⬜ it.

5. _____

오늘은
아빠에게 자전거 타는 방법을 배웠어요.

1. _____

먼저,
어떻게 자전거를 타는지 알려 주셨어요.

2. _____

그리고 나서, 아빠가 자전거 뒤에서 잡고 있으니,
나는 앞만 보고 페달을 밟으라 하셨어요.

3. _____

아빠를 믿고 앞으로 나갔는데,
사실은 제가 혼자서 자전거를 타고 있었어요.

4. _____

그 경험은 정말 특별하고 재미있었어요!

5. _____

Topic :

Today, I learned how to ▭ a bike from my dad.

1. ___

First, he ▭ me how to ride a bike.

2. ___

Then, with my dad holding onto the back of the bike, he told me to focus on pedaling ▭.

3. ___

I trusted my dad and started pedaling ahead, but in reality, I was riding the bike ▭.

4. ___

The ▭ was truly special and fun!

5. ___

Memo for me !

월/일

이제부터는
내 생활의 일기를 영어로 써보자.
개인적으로 도움이 더 필요하면

/영어상담/
Just send a text like this,
  next, we will contact you.
010 8677 6448

Memo for me !

월 / 일

이것이 영어일기다

onbooks

基本이 없다면 實力은 없을 것이다.

뿌리가 없다면 나무는 없을 것이다.
There would be no tree if there were no roots.